Hiho Selection
映画秘宝
セレクション

実録・不良映画術

小林勇貴

洋泉社

実録・不良映画術　目次

序章

逆徒

序章

静岡県富士宮市生まれ

俺は1990年9月30日生まれ、静岡県富士宮市出身です。

富士宮市という町は、製紙工場などの工場が多い工業地帯です。昔、産業廃水があまりにも酷かったため、溜まったヘドロから怪獣ヘドラが誕生し、ゴジラと死闘を繰り広げるという映画が作られたほどです。

富士山に見下ろされるように広がる町で、オウム真理教、霊感商法詐欺の法の華三法行など、富士山めがけて集まったような宗教団体が多く富士宮に拠点を構えていました。ビートたけしの映画『教祖誕生』のラストでビートたけしが演説している場所も、富士宮市の名所、湧玉池です。富士山をはじめとした山々に囲まれた盆地なので坂道が異常に多く、日本一高低差のある市だそうです。なので車が無いとどこへも行けない地形になっています。また、雨がよく降る町でもあり、一年の大半がどんより曇っています。

富士宮市にはかつて後藤組というヤクザがあり、あちこちにダイナマイトとダンプで特攻したり、創価学会と抗争したり、映画監督の伊丹十三を襲撃したりと大暴れしたことで知られています。道行くお年寄りに聞けば、どこでヤクザ同士の銃撃戦があったか、ダンプ特攻があったかなど普通に教えてもらえます。俺が中学生の時、やはりヤクザと宗教団体の間でトラブルが起きたらしく、学校のホームルームで「ここで銃撃戦があるかもしれないから近寄らないでねリスト」という、商店街やら書店やらに鉄砲のマークがついた地図が配られたこともありました。

現在でも暴走族や窃盗団といった不良が多く、そういった類の事件が頻発していて、治安が良いとは言えません。

不良ではない普通の人も、普段からなぜかイライラしていて、他人の弱みや、イジメてイイ相手、暴れてイイ理由を探しています。例えば富士宮市の駅を降りるとそこらじゅう全ての点字ブロックが削ってあったり、道路に飛び出した子供がいればそこに向かって車がわざと加速したり、道に座って休んでいる人を見るなり「わたしの親戚の土地で勝手になにしてる！」と怒鳴ったり、そういうことをする人が、小綺麗な格好をしたマダムだったりします。

トラウマビデオの日々

俺が生まれる少し前はバブルだったので、高い上等な車に乗っていないとデートができなかったそうです。俺の父は金持ちではありましたが、もう少し上のランクのデートをかますために右翼の友達から借りた街宣車で母とデートをしたそうです。多分ですが、その街宣車の中でカーセックスしたときにデキたのが俺です。

両親はすぐ離婚して、俺と弟は母と婆ちゃんに育てられました。母が働いていたラーメン屋に預けられることが多く、そこの事務所のような場所で母がチョイスした「エイリアン」シリーズや『スターシップ・トゥルーパーズ』『トレマーズ』など、なぜか化け物が出てきて暴れる映画のビデオばかり観せられていました。ちゃんと観ないと「臆病者、根性なし」とバカにされるので、意地で最後まで観ようとしましたが、だいたい途中でやめたりして、毎日がトラウマでした。

母の俺への精神攻撃は映画だけではなく「昔読んだ漫画で、サボテンのトゲが刺さると、その人の身体がブツブツのサボテン人間になる話があった」などと、怖い話を聞かせてくれることもありました。なんでいつも怖い話しかしないのかと怒ると、

「怖いと思ったことは、皆に話して怖がらせれば、怖くなくなる」

と説教してくるのでした。その時俺は、「要は自分の怖い気分を紛らわすために、俺を生贄に使ったのか？　このババア」とムカつきました。

母はそうやって恐ろしいものを観せたがる、話したがるくせに、急に『ＲＥＸ 恐竜物語』

を観せて「かわいいねぇ」などと言うので、子供ながらに「こんなトカゲ、馬鹿らしいね」と思いました。まんまと歪んでしまったのです。

また『ターミネーター2』『ジングル・オール・ザ・ウェイ』『ラスト・アクション・ヒーロー』など、シュワちゃん主演の映画のビデオを観させられることも多かったです。暴れまわるムキムキのシュワちゃんを指差して「ほら、これがあんたの本当のお父さん」などと言うので「本当のってなに？」と父とは休みの日に普通に会っていたので尚更混乱したのを覚えています。

シュワちゃんの映画の中でも『ジングル・オール・ザ・ウェイ』はその時の俺にとっては夢のような映画でした。周りの友達に金持ちが多く、貧乏な自分の家が憎かったのと、俺ばっかりが父親と一緒に暮らしてないという不安をどうにかしようというのもあって、繰り返し観ていました。

そのせいで今でも冬になると、父が俺のために必死でターボマン人形を探してくれた！という疑似記憶がフラッシュバックして困ることがあります。シュワちゃんがしたことが、父のしたことになっている時があるのです。

実銃を撃ってみる

当時住んでいたのは金持ちの家が密集している地域でした。しかし自分の家と隣の2軒だけは、ボロボロの借家でした。その時は幼稚園児でしたが、平日の昼間になると伊丹十三監督の『タンポポ』が繰り返し放送されていて、エッチなシーンを観ながら床オナニーをするのが楽しみでした。

ある日家の先で弟が竹馬で遊んでいると、隣の家のオジさんがワンカップ酒の瓶を投げてきて「ガキが昼間っから遊ぶんじゃねぇ！」と怒鳴ってきました。

「ガキは昼間遊ぶと思います」

そう思って母に告げ口すると、そのオジさんの家に殴り込みに行ったりして、またひと騒ぎという、そんな日々を過ごしていました。

そういえば、こういう話をすると貧乏自慢かと思うのか、急に目をギリギリさせて「お前なんかよりもっと貧乏な人間を知っているぞ！」と怒り出す人がいます。

貧乏ソムリエ。

もっと貧乏、もっと苦労している人、別に自分が経験したワケでもないことを、まるでポケモンを召喚して戦わせるみたいに紹介して優位に立とうとする。誰もあなたの「勝利の切り札」になるために貧乏してるわけではないのに。

母が働いていたラーメン屋が休みの日は、マスター（店長）が自分の山荘がある山へ俺と弟を連れて行って遊んでくれました。まだ小学校低学年でしたが、マスターに原付バイクの乗り方を教えてもらい、弟と2ケツして爆走していたのを覚えています。

猟銃を撃たせてもらったこともありました。俺は臆病でイジケた野郎だったので、離れた場所から見ているだけで撃っていませんが、頭のネジが3ダースくらい抜けている弟は、嬉々として撃ちたがりました。猟銃を撃った衝撃で弟が吹っ飛ばないように、マスターは後ろから抱いて支えて、

「そこにあるドラム缶をハジいてみろ」

と言いました。弟が狙って撃つと、ドラム缶は吹っ飛び、崖の下に落ちていきました。マスターが「せえせえした」と言って山荘に戻って行ったので、弟と一緒に崖の下に落ちたドラム缶を見に行くと、銃弾によって穴ぼこだらけになっていて感動しました。すると突然ドラム缶の中を覗いていた弟が悲鳴をあげたので、なにかと思って見ると中には縄で

縛られたタヌキがズタズタになって死んでいたのでした。

マスターの言った「せえせえした」とは、タヌキの処刑が済んだという意味だったのです。おそらくそのタヌキはマスターの畑を荒らしていたのではないでしょうか。とにかく、そういう形で生き物の生き死にというやつを覚えました。

『漂流教室』は心の漫画

小学生の時の学校生活では、面白いと思った漫画を持って行って友達に紹介し、貸し出すのにハマっていました。婆ちゃんが沢山漫画を持っていたので『殺し屋1』『座敷女』『デビルマン』、あと、諸星大二郎の漫画や楳図かずおの漫画などを持ち出して学校に持って行ってました。俺が好きだったのは『あしたのジョー』で、白木葉子が真面目でいかにも正しそうなことを言うと、ジョーはカァっとなって真逆の不道徳で、不真面目で不勉強で不良なことを言うので、かったるいことばかり教えられていた小学生の俺にはスリリングで、こんな人になりたいなぁと思って読んでいました。大人になった今『あしたのジョー』を読み返すと、ボクサーになるためにいつの間にか改心してしまってからはあんまり興味がなくて、「このドヤ街にジョーランドをつくる！」とか壮大に狂った計画を言うあたりが大好きです。

クラスの女子は真面目くさった態度で悪者を探してはその行為をあげつらって満足を得ていましたから「自信不足のお前の自己満足のために悪者を探してるんだから、その悪者には感謝しろよ？」と思っていました。それを口にすると大抵のやつは「悪者なら誰も傷つかないからいいんだよ」とワケのわからないことを言い出します。なにを言ってるんだろう、被害者がいることコミコミでお前らのポルノになってるんだろう？　自覚しろよ。と今でも思っています

学校で一番人気があった漫画は『漂流教室』で、自分たちと同じ小学生のガキが、「ママにあいたいよぉ」などとほざきながら屋上から飛び降りたり、化け物に食われたり、殺しあったりする内容に皆恐怖し、クラス中で悲鳴があがっていました。

その時の俺が『漂流教室』で大好きだったのは、偉そうな教師たちがどんどん自殺を始めていく序盤のあたりです。自分の学校の気に入らない教師の卑しい部分を観察して見つけては「もし漂流教室みたいなことになったら、女子に給食を運ばせるようなクズだろうな、こいつは」とか思って怒りを増幅させていました。

「小林のとこにいくとヤバイ漫画が読めるぞ！」

と俺自身も人気者になりました。貸し出した漫画たちのあまりの野蛮な内容が、段々騒ぎになって、ついに小林文庫は禁止になってしまいました。それでも皆に読ませたかったので、好きな漫画をノートに模写して、それを学校に持って行きました。『殺し屋1』の二郎と三郎が売女の乳首を切って鉄板で焼くシーンはとても人気があり、そこは何度も模写した記憶があります。これならメモや落書きと同じなので先公も取り締まれません。

自作漫画とサッカー嫌い

そうやって模写しているうちに自分でストーリーを考えて漫画を描くようになっていきました。主に学校の友達が実名で登場して殴り合う漫画です。

本当にあった友達同士の喧嘩を観察し、それを元にもっと過激な内容で漫画にして、その友達の関係をさらにギクシャクさせていました。

連載を持ちたかったので学級新聞をやっているやつらに声をかけ、週刊で漫画を描くことが決まりました。家族全員が痴呆症のクマの一家の日常漫画です。俺は分別のある男なので「小林君、誰のことも殺さないでください。どうかお願いします」と言われればそういう話も描けましたが、この痴呆クマの漫画の方が怖いと言われました。友達の家にボケ老人がいたので、それを参考にしたせいだと思います。

最初のうちは順調でしたが、学級新聞に記事を書いてるやつらが「サッカーがやりたい」などと騒ぎだして、新聞自体を俺に丸投げし、最終的には新聞そのものがなくなりました。この経験で「気前よく返事するやつほど責任能力がない」という考えになったのと、サッカーとサッカーが好きなヤツが大嫌いになりました。

その時はかなり漫画家に憧れていて、好きな作家先生にファンレターを送ったりしていました。今も映画のキャラクターを考えるときは、漫画のキャラのような衣装、性格になるよう意識しています。

絵にしやすい外見は人の心を掴みやすい気がします。Twitterなどで自分の映画の登場人物をイラストにしてくれている人を見ると、本当に嬉しくなります。そういった意味では、白石晃士監督は凄く羨ましいし、あの監督のキャラクター作りは非常に参考になります。

団地暮らし

小学生のうちに市営団地に引っ越しました。そこは不良の多い団地で、同じ棟に住んでいたオジさんは団地の車庫を勝手にガレージに魔改造して、中古のバイクなどを売り飛ばしていました。また、俺の家族が引っ越してくる前には、夫婦喧嘩を止めに来た警官が「邪魔するな!」と、その夫婦にガソリンをかけられ燃やされたという事件があったそうで、かなり危ない団地でした。

俺はというと、その時「ホーム・アローン」シリーズにハマっていたので、映画の真似をして部屋を魔改造して「バカが! このドアを開けたらギターがギロチンのように落下してくるぞ」などと騒いでいました。

夜になると仕事から帰ってきた婆ちゃんがよく俺と弟の部屋に来るので、部屋の魔改造ぶりを見せたり、お互いに好きな漫画の話をしました。

婆ちゃんは話が終わると決まって俺の部屋の窓から向かいの棟を見るので「いつも見てるけど、何かあるの?」と聞くと、

「あの向かいの部屋、いつも電気がついてる。昼間も」

と言いました。その時は何のことかわからず、ババアの奴めボケたかな？　と無視しましたが、後日その部屋の人が首を吊って死んでいたことがわかりました。その部屋にはもう、電気を消す人がいなかったのです。

なぜ首を吊ったのか無性に気になった俺は、聞き込みを開始し、A棟からE棟まである団地を回り、かたっぱしから住民の話を聞いていきました。人見知りではありましたが、気になり始めると止まらない性格なので、あまり苦ではありませんでした。

結果としてわかったのは、その人は団地内で拾ったクレジットカードを無断で使い豪遊、カードの持ち主が団地の悪のボスであることに気づいて自殺したということでした。

婆ちゃんが窓から向かいの棟を覗くところから始まって、団地で聞き込みをするという、結果よりもそれまでの過程の方が面白かったと、そのとき感じました。

恐怖ビデオ上映会

ずっと犬を飼うのが夢でしたが、団地なので飼えませんでした。秘密で飼っている家庭はありましたが、そういうところはすぐにバレて団地の中で村八分にされ、言いつけられ、結局犬を手放していました。後先考えず飼った方もワケわかりませんが、ご立派な相互監視根性の結果、保健所で殺される犬が1匹増えるのですから本当にご苦労サマなことです。

その頃、奇行の目立つ弟はエアガンで撃ち落としたコウモリをカブトムシ用のケースに入れて飼っていて、俺はペットショップで買ったピラニアを育てていました。クラスの友達がピラニアを見たがったので、体も頭も弱そうな魚をあらかじめ捕まえておいて、友達が来た時にそいつをピラニアの水槽に入れて殺害ショーを開催し、また大の人気者になりました。

野蛮な漫画を広めた時と、このピラニアショーの経験によって「血反吐が絡むものが見られる場所に人は集まるなぁ」ということに気付き、それで皆が楽しんだりするのが自分でも面白く、危なげなもので人を寄せ付け楽しませたいという見世物小屋的な根性が生まれました。

そういう時期に衝撃的だったのが、友達が自宅で開催するVHSビデオの映画上映会でした。上映された中で覚えているのは蛇神信仰による呪いが街を侵食していく映画『うずまき』です。原作漫画は知っていたのですが、実写映画化、とかいうものをまだ理解していなかったので、ただのひとつの映画として観ていました。

『うずまき』はネチネチと確実に田舎町全体が狂っていく様が恐ろしく、次々と学校の人がカタツムリ化していく様は衝撃的でした。深い憎しみを持ったどこかの誰かが、呪術テロを起こしたということが途中明らかになるのですが、結局それが誰だったのかが少しもわからないところが本当に怖かったです。上映会ではたまらず何度か途中退出したのですが、気になってビデオを借りて自宅で再度観てみると、最初に主人公が登場したときに一緒に旋風が街に舞い込んできます。主人公の初登場と同じタイミングで、最後まで正体の知れない誰かの怨念が物語の冒頭から実は登場していたということに気付き、またゾ〜っとしました。同じ映画を繰り返し観る楽しさ、妄想を勝手に広げていく面白さをそこで知ったように思います。

その上映会では『ディープ・ブルー』『パラサイト』などといった化け物が暴れる映画も皆で観ました。こういったものは小さい頃母に観せられていたので、途中退出してからかわれる等ということがなく、大得意で楽しく観ていました。

ですが『ジュマンジ』（あれも結果的にサルだの象だのが暴れますよね）だけは本当にダメでした。蜘蛛や食人植物よりも、時間が交差するという話の仕掛けがその時はちゃんと理解できず「なに？　大人になるまで何十年もゲームの中に閉じ込められてたの？　どういうこと？」と妙な気持ちになって心底怖く感じました。

また『ほんとにあった怖い話』などの夏のスペシャル版が放映される時も、この友達の家に集まって皆で観ていました。多分このシリーズの中の作品で、タイトルを忘れてしまっているのですが、病院で皮膚病感染が広がっていき、原因を探ると地下に凄まじい皮膚病の怪物がいたという話と、見た目は大人しいのにビールを一気飲みしまくるせいで嫌われて殺される人の話のふたつが今でも忘れられません。

ちなみに、小学生の時に邦画のＶＨＳを借りると、高確率で塚本晋也監督の『双生児－GEMINI－』の予告編が入っていて何度見ても声をあげるほど怖かったです。目を瞑りながら早送りし、行き過ぎて巻き戻すと眉なしのコワイ顔がドーンと出てきて画面を消す。画面をつけると眉なしが出てくるのでつけられず、婆ちゃんを呼んで本編あたりまで進めてもらって、やっと観られる。まことに大迷惑でした。

怖いものの話で言うと、『世にも奇妙な物語』のテーマ曲が怖く、不覚にもそれがやっているチャンネルに回してしまった時は、悲鳴をあげてまたも婆ちゃんに泣きつき、隠れている間に番組を変えてもらっていました。

ここまでなら皆も良くあるかと思いますが、俺は『世にも奇妙な』だけではなく『踊る大捜査線』『古畑任三郎』『007』『カウボーイビバップ』など、テーマ曲というテーマ曲を怖く感じました。「この話ってこれなんですよ」という強い業みたいなものが怖かったのかどうかは知りませんが「テーマ曲って怖い」という恐怖はずっと続きました。

2016年に撮った映画『逆徒』『全員死刑』では、初めて自分の映画のテーマ曲を作ってもらいました。曲のイメージを伝え、作ってもらったものに対し修正をお願いして、自分のイメージに近づけていくという、テーマ曲が完成するまでの工程を経験したことで、それまでの聴く立場から作る立場に変わって、長年抱えていた「テーマ曲への恐怖」はようやく解消されました。このように、作る立場になってそれまで怖がっていたものが出来上がる経緯や、演出について考えて映画に登場させることで、ネガティブな印象が解消されることが多いです。例えば、2015年に撮影した『孤高の遠吠』では抑圧者の先輩が大勢出てきます。抑圧する人に対する怒りからこうなったのですが、描いてみると、この抑圧者の人たちへも愛着が湧いてきて、映画が完成する頃には怒りが少し解消されてしまいました。逆にこうやって自分の映画で扱うまでは先入観がずっと頭の中にこびりついて、常にそのことばかり考えてボーッとしてしまうということが多々有ります。

『バトル・ロワイアル』の衝撃

小学5年生のとき深作欣二監督の『バトル・ロワイアル』が俺の中で大きな事件になりました。公開される前から話題になっていましたが、それよりもレンタルが開始される時の方が印象に残っています。

通っていた小学校の全校生徒が体育館に集められ、

「今度『バトル・ロワイアル』というとんでもない映画のレンタルが始まる。年齢制限のある作品なので観てはいけないし、親に頼んで借りるなんてことも絶対にしてはならない」

すごいことだと思いました。

いつも偉そうにしている教師どもが、俺たち生徒がそれを観ることを恐れている！　そんな気がしてなりませんでした。俺はすぐさまネジの外れた気のいい仲間を集めて「絶対に観ようぜ」と計画を始めました。見世物小屋根性に火がついたのです。

俺の父親は、母と離婚する前から山奥の一軒家に住んでいて、学校が休みの日になるとたまにそこに行って飯を食ったり釣りをしたりしていました。俺はこの父の家でレンタルした『バトル・ロワイアル』を観たら面白そうだと考えました。皆で山奥の家に行って怖い映画を観るなんて、向かう時点からスリルがすごそうだし、友達のやっていた上映会を出し抜きたいという気持ちもありました。

母と住んでいる家で見た場合、母は観てはいけないものを観ることに関しては文句は絶対言いませんが、勝手に一緒に観だして「この人なんだっけ」とか「こいつ嫌い！」とか、皆が真剣に観てる最中に余計な口を挟むタイプなので、想像しただけで包丁を振り回したくなりました。それに比べると父はたまに会うからか、大抵のワガママは許してくれるので「じつに徳の高いお方じゃ、気の違った母とは大違いじゃ」と思っていました。金に余裕のある人は心に余裕があることを俺は父によって教えられました。

こうして、山奥にある父の家に友達数名を連れて、『バトル・ロワイアル』上映会をすることが決まりました。

上映会当日、俺の予想は大当たりどころか、劇中で起こる出来事と自分たちとで色々なシンクロを起こしてしまい、恐怖と不安で具合が悪くなりました。

「もはや一緒に観た友達のことが全然信用できない！」と、観る前と観た後で決定的に変わってしまったのです。『バトル・ロワイアル』は修学旅行に向かう途中で恐ろしい事態に巻き込まれる話ですが、小学5年生だった俺たちは「来年、こんな目にあうの？」と気が気ではありませんでした。

実際の修学旅行はというと、あまりにも何もなくつまらなかったので、密かに買っておいたペーパーナイフを就寝時間直前に振り回して「逃げろ！ 危ないゾ！」と友達を殺す気で追っかけまわしていたら教師に発見されボコボコにぶん殴られました。

俺たちが受けた『バトル・ロワイアル』の衝撃は強く、友達が廊下で喧嘩して相手に図鑑でブン殴られて頭の皮がベロンと剥けたとき、血を流しながら「お前なんて『バトル・ロワイアル』になったとき一番に殺してやるからな！」と騒いでいました。現実にBR法なんて無いのですが友達のその発言に疑問は浮かびませんでした。無いとは思いながらも常に頭の中に『もし、バトル・ロワイアルになったら』という恐怖があるんだと痛感した事件でした。

セカチューのストレスとアメコミ願望

レンタルビデオの話が多くなってしまいましたが、もちろん映画館にも行きました。小学生が映画館に映画を観に行く時は、一緒に行く友達もその作品を観たいと思う「民意」が重要になってきます。

ある時『世界の中心で、愛をさけぶ』と『スパイダーマン2』のどっちを観るかの派閥で喧嘩になりました。俺はもちろん『スパイダーマン2』派の党首だったのですが、結果的には俺よりも人気度が高い友達が選んだ『セカチュー』を観ることになりました。これは本当にストレスが強い思い出で、今でも不意に思い出して冷や汗が出たり、変な声が出たりしてしまいます。『セカチュー』のせいでPTSDになったのです。

後日、その友達と『スパイダーマン2』を観てとても感動し、その反動で「『セカチュー』ぜったいやばいよ」とほざいた一派が心から憎くなりました。

「スパイダーマン」シリーズや『X-MEN』でアメコミというものを知り、外国にも漫画ってあるんだ！　と驚きました。毛唐の方々に対する知識が『はだしのゲン』で見た、ガキ共にチョコやガムをあげてイキがる姿だけだったので、チョコやガムだけが娯楽なのかと思っており、毛唐の方々に漫画を読み描きするほどの知性があるとは想像もしてなかったのです。

ともかくスパイダーマンやウルヴァリンは死ぬほどかっこいいし、本物のアメコミを持っていたら学校で威張り散らせると思い、なんとか手に入れようとしました。自転車をこぎまくって、富士宮市内にある書店をくまなく探したのですが、全く見当たらず、人見知りだったので店員に話しかけるのは本当に嫌だったのですが、絶対に欲しかったので勇気を出して聞いてみると「は？　すぱいだぁまんってなに？」とサルから人に進化中の喋り方で返事をされました。だから店員に話しかけるのは嫌だったんだ！　と騒ぐのを我慢しながら「映画でやった、アメコミってやつです」と説明すると、何がアメコミだ、クソガキが！　という顔であざ笑ってくるのでした。その時の富士宮の書店には、アメコミを置くという知性が無かったのです！

それでもどうしてもアメコミのスパイダーマンが欲しかった俺は、ダメ元で苦肉の策に出ることにしました。家にはWindows95のパソコンがあったので、それで検索し、ネットの通販でスパイダーマンの漫画を売っているサイトを見つけたのです。今だとAmazon（1994年くらいからあるそうですが、その時は全く知りません）でことが済みますが、俺が見つけた通販サイトは紫色の背景で各種バーが黒地に赤文字、昔のサイトにありがちな見づらい配色で、怪しいとは思いましたが本当にアメコミのスパイダーマンが欲しかったので、母に相談すると、「インターネットで買い物をするなんて騙されるに決まっている！」と怒鳴られ、さらに「お前みたいな騙され虫が家に一匹いるとあっという間に地獄行き！」と発狂が始まりました。当時、俺には「ダイヤルQ2のエロサイトを見まくったために多額の請求がきた」という前科があったので、母の言ってることには反論できなかったのですが、それでも心からアメコミのスパイダーマンが欲しかったので、家の物を破壊したり、電動ガン（UZI）を乱射したり、包丁を振り回したりして「発狂返し」をする作戦に出ました。そうやって俺が大暴れすると、母は急に黙り、しばらくすると変にウットリ声で「ゆうちゃんごめんね、チャレンジしてみよっか」などと言ってスパイダーマン全巻を一気にカートに入れるのでした。母はやはり狂っていたのです。

　届くのが待ち遠しく、毎日スパイダーマンのことを検索して、ちょこちょこ出てきた画像を見ては「エレクトロってやつかっけぇな」とか「スパイダーマンは描こうとしても編み編み柄が面倒で無理だな」とかブツブツ独り言をいって数時間潰していました。その時は電話回線だったので、俺がネットをやっていると家族は皆固定電話を使えなくて、それでまた大喧嘩になりました。

　たしかに、電話をしようと思っていざ受話器をあげたら、ネット回線特有の「ピーヒョロヒョロピュー ピュー」というアレが流れたら殺意も沸くよなと、今になって同情します。

そうやって2週間以上も無残に待たされたあと、ようやく漫画が届きました。半狂乱で開封してみるとそれは池上遼一先生の方のスパイダーマンで、一瞬気が遠くなった後、気付いたらまた包丁を振り回していました。

今のネット通販とは違って、参照画像という高尚な概念そのものが無く、丁半と同じ仕組みのギャンブルだったのです。

ひとしきり絶望してから池上版を真面目に読むと、暴力を制御できない若者のしみったれた話だったので「俺に嫌味をいっているのか！　ふざけるな！」と、気付いたらまた電動ガン（UZI）を乱射していました。その時ばかりはいつも落ち着いている婆ちゃんも焦ったのか、「このままだと家庭が壊れる」と弱音を吐いていました。

2年ほど後になって、ブックオフで『アルティメット・スパイダーマン』と『X－MEN』が1500円ほどで売られるようになりました。市内のどこかにアメコミを普通に手に入れられる大人がいることと、それをブックオフに売ってくれることに対して心から「大人のチカラ、感謝」と思いました。

そんな感じでブックオフでは手に入るようになりましたが、相変わらず書店にアメコミは置かれませんでした。サルは2年じゃ進化できねぇよな、と意地悪なことを思いました。

中学校とラップと大石淳也

中学生になると、WinMXやWinnyなどのファイル共有ソフトに猛烈にハマりました。富士宮に住んでいると、いざ欲しい！　観たい！　読みたい！　と思っても、全く売っていないので、坂道の多い街中を惨めたらしく自転車をこぎ、探せば探すほどみすぼらしい気持ちになって、次第に何かに興味を持つこと自体が無駄でばからしいという気分になります。

そんな中ファイル共有ソフトは最高でした。違法であっても数時間のダウンロードを我慢すれば手に入るのですから、俺は迷わずそうしました。取り寄せ、という方法もあるかと思いますが、数週間、または1ヶ月以上もアホウドリのように待っている間に、また次の興味が出てきますから、まず選択肢に入りません。無垢な少年の多感な時期を無感情にすり潰してくるのが田舎というものだと思います。

ファイル共有ソフトでも怖い思いをした事があります。ある日『ラップ／バトル／B－BOY』というタイトルのファイルをダウンロードして聴いてみると、最初は穏やかな歌い方だったその人は急に乱暴な口調になってバトルの相手を圧倒するという内容でした。おとなしそうな人が急に怒り出す怖さが完膚なきまでに再現されていて、それは俺が住んでいた団地にいる大人の怒り方と同じでした。そんな人がラップのバトルに勝ってしまうという一連が非常に怖く感じました。後からそれは『外人21瞑想』というラッパーのMCバトルだったことを知りました。不意にダウンロードしてしまったものに衝撃を受けるという、今でも引きずっているトラウマのひとつです。

日本語ラップからトラウマを受けることがそもそも多かったです。オリコンチャートの曲ばかり聴いていて、愛だの勇気だのと余計な御世話だったり、何言ってんのかイマイチわけのわからないことを言われたり、不愉快に思っている時に、他人をめちゃくちゃに罵倒する歌があると知って興奮しました。

その時期に学校で出会った不良、大石淳也とラップで意気投合しました。大石は自分でラップを作り、昼休みに放送室を占拠して、自分のラップを勝手に放送していました。学校が終わると自分のラップを入れたCDを持って市内の中学校をまわって、売ったりしていました。この時の大石の、勝手にゲリラで色々やって周りを動かしていくやり方にとても影響を受け、今でも手本にしています。

大石淳也は今では俺の映画の常連俳優で、最近は商業作品の制作スタッフなどもやっています。腕が良いと評判です。もともとは不良な男ですが、危険なことを知って生き残った分、安全なことは人一倍上手いのでしょう。

俺はWinMXを駆使してアダルト動画を違法ダウンロードしてDVDに焼き、販売する仕事を始めました。俺は中学生にしては老け顔だったので、アダルトショップに出入りが可能で、そこで買ったオナホールをセットにするとさらに儲かりました。エロは金になるなぁと思いました。小学生の頃からコツコツ集めていたモーニング娘。のアイコラも大放出し、儲けに儲けました。

WinMXで処刑動画などのヤバイものを見つけると、すぐさまYahoo!メッセンジャーで友達と送りあっていました。その仲の良かった友達は、学校のパソコン室を牛耳る立場（情報処理部部長）だったので、学校のパソコンのフィルターを解除して全てのパソコンにファイル共有ソフトをダウンロードし、フル稼働させていろんなものをダウンロード、これによって海賊版販売が量産体制に入り、さらに儲けました。

『隣人13号』

その時一番仲が良かったダチがいて、そいつとは『殺し屋1』が小学生の時から大好きという理由ですぐに打ち解け、そこからツルむようになりました。

お互い筋トレが好きだったので、多い時は日に12時間以上筋トレを競い合いました。そいつは腕相撲に自信があったので、他に腕相撲が強いと噂のヤツがいたら、そいつのいる中学校まで自転車で行き、腕相撲で勝つという道場破りみたいなのをずっとやっていました。俺はというと筋肉のために鳥のササミ肉をスーパーで毎日のように買い占めるので「供給がなりたたないので、もう来ないでください」と出禁処分を受けたりしていました。

そいつと映画を観るのにもハマっていて、井上靖雄監督の『隣人13号』がふたりの間でブレイクしました。公式サイトを開くとイラストの13号が画面に向かって走ってきて、こちらを切り裂いてくる。その演出からして怖く、公開を待ち望んで眠れない日々が続きました。今どちらの人格が出ているか？　の見せ方が非常に巧みであるのもそうですが、ガキがブチ殺されたり、でかいクソが出てきたり（この時はじめて映画でクソを見ました！）、13

号に入れ替わった状態の主人公がかつて自分をいじめた男・赤井の部屋へ勝手に土足のまま侵入してパンを食べたり（この時逆光を駆使して13号の顔を見せないのが超かっこいい！）、トイレに入ってベチャベチャにションベンを撒き散らしたりする（なのに消臭スプレーはちゃんと使う！）あの一連のシーンです。少し考えなければならないラストも、ちょっとかっこつけたい中学生の俺たちにはジャストミートでした。今観るとやや長すぎるカットが気になったりしますが、好きなシーンや撮り方が数え切れないほどあり、あらゆることが演出の参考になるので、この映画は今でも繰り返し観ています。

原作の漫画は、当時、富士宮市内のどこを探しても売っておらず、『スパイダーマン』アメコミの時のように包丁を振り回して発狂していました。違ったのは、この時はふたりだったことです。

ちなみにその筋肉質のダチは高校卒業後、消防士になり、俺の自主映画1作目『TOGA』で殺人鬼役、5作目『孤高の遠吠』でマッチョの警察官役を演じてくれました。

不良の観察

中学生になるとどいつもこいつも色気づきだして、不良が増えました。市内で一番危険だったのは、極悪中学校ナン中というところで、畑の真ん中にあるので、楽しみ（娯楽）がない場所は不良が生まれやすいんだなぁと思いました。

不良であればあるほど可愛い娘にモテるのでムカつきます。昔から可愛いと思っていた娘が「ナン中の◯◯クンにUFOキャッチャーでぬいぐるみ取ってもらった～」などと言っているのをみて気絶していました。ぬいぐるみと引き換えにゴム無しで処女を奪われるのですからよく考えて欲しいものでした。そういう俺もヤンキー女に「ファッション誌に中2が処女と童貞卒業率が一番高いって書いてあったから、ヤラせなよ」という頭の弱い理由で童貞を奪われました。

ヤンキー軍団の学校は田んぼの奥にあるくせに、栄えてる方までわざわざ出張ってきてそこのゲームセンターにたむろしていました。そいつらの中では『はじめの一歩』のパンチングマシーンが大流行していて、測定して「は！　俺200キロいったから最強だし！」

などと小ざかしいことで盛り上がっていました。そこでムカつくのが、自分はいくらパンチしても弱いくせに「おい、◯◯クンはパンチングマシーンで234キロいったんだぞ。ナメんなよ?」と強い奴をたてて威張ってくるカビです。お前は強いヤツを知っているだけで、お前自身が強いわけではないんだぞ?

「俺のお父さんはヤクザなんだぞ」などといつも言って威張ろうとするバカもこれと同じです。こういう、自分以外の誰かの力を使って自分の力では手に入れられない賞賛などを強引に前借りしようとするヤツは、不良にかかわらず何歳になっても必ずいますね。大嫌いです。

「先輩」という概念と「仕掛けの森」

中学生になると突然、「先輩」という概念が登場します。小学生の時は高学年を「おにいちゃん、おねぇちゃん」などと白痴じみた声で呼べばそれでよかったのですが、先輩となるとそうはいきません。そのことがまず衝撃でした。

俺の中学校にはメガトン先輩というといつも竹刀を持っている先輩がいて、小人の奴隷といつも一緒にいました。小人が何か失敗したりすると、メガトン先輩は竹刀でめちゃくちゃにブチます。メガトン先輩は敬語に厳しく、他人に話しかける目的のほとんどは「敬語を使っているか使っていないかの測定」だったと言えます。メガトン先輩はすでに人間ではなく「敬語測定器」という器具だったように思います。

そうやって圧がかかると意義申し立てたくなるのが人情というもので「2、3年早くカァのコーマンから顔だしただけで何がそんなに偉いんだ？」と怒鳴った友達がいましたが、相手の先輩から「上等じゃねぇか、ヨイヨイ（半身不随、脳性麻痺状態）にしてやるよ」と言われて拉致され、「仕掛けの森」という場所でリンチされました。

なぜそんな名前の森かというと、何かの仕掛けがあるからというわけではなく「リンチを仕掛けるときに使われるから」という野蛮な理由からです。あまりにもリンチに使われ、不良たちに草木が踏み荒らされたり、そこでリンチされた人がのたうち回るので、獣道と同じ原理で、そこら一帯には草が全然生えていません。最近になって見に行ったのですが、草の生えてない範囲が前より大きくなっていました。暴力による圧力の伝統が受け継がれているのでしょう。

バカたれどものみが楽しそうにしているので、俺は腹が立って、深夜になると包丁をナップサックに入れては自転車をこいで深夜徘徊をするようになりました。小さい頃から色々と残酷で野蛮な映画や漫画を観ましたが、そんなの何も影響しません。むしろそれらを観ている時だけは、世の中のムカつくことに向き合えて、どう戦うか想像でき、スッキリしました。俺はただ、昼間の連中の白々しさにうんざりして、夜に誰かを殺してやろうと思っただけです。

高校進学～あるけど、ない存在

高校に入学しました。中学時代、俺は授業中に失踪したり睡魔に負けて気絶したりするので勉強ができず、どの授業も赤点で高校への進学は完全に不可能と言われていたのですが、応援団長を引き受けたことが良い方に転びました。

不良だらけの応援団でデカイ声を出すのがまんざらでもないことに気づき、運動会などで大声で騒いでいたところ、学校の近隣住民から「あの子をなんとかしてあげて欲しい」という声が集まり、学校側がどうにかしなければと、校長推薦で市内の高校に入れてくれたのでした。勉強ができないやつは富士宮市外の遠い学校に通って、そこでうまくやっていけず退学して、通信制の学校に通うのが常でした。俺もそうなるのか、と不安になっていたので非常に助かり「善人きどりの住民さんたち、どうもありがとう」と感謝しました。

高校は山の頂上にあり、遠くから通っている生徒にはバスが出るのですが、市内の生徒はバスに乗る権利がありませんでした。そこで自転車をこぐのですが、遠い上に俺は走ったりしているときに浴びる風が大嫌いで、せっかくキメた髪型が崩れるのにイライラしていました。筋トレは好きで変わらず続けていたのですが、自転車で山の上まで登校するというのは学校がそもそもムカつくということもあり、苦手でした。

高校は総合コース、英数コース、普通コースとあり、俺は普通コースでした。普通コース以外のふたつは進学に力を入れているコースで、今でいうパリピな人たちが楽しそうな学生ライフを満喫していました。

その進学コースが使う校舎から少し離れた場所に、俺が通っていた普通コースの建物がありました。普通とは名ばかりで、男も女もろくでなしばかりが集められたキチガイの巣窟。進学を目指す生徒たちからは隔離され、「あるけど、ない」という扱いを受けていました。

山の上には学校の他に精神病院があり、その病院は普通コースの校舎が近く、授業をサボった普通コースの人間が森でタバコを吸っていると精神病院から抜け出した人が飛び出てきて、タバコをもらって喜んだりしていました。

不良ばかりがいる学校（コース）だったので、友達もやはり不良で、タカノリクンという子と仲良しになりました。タカノリクンは絵に描いたような不良で、ヘッドホンをつけて机の上に足を投げ出し、授業中にバスケの本を読んで、急に「コービー・ブライアント！」といって隣の席のやつをぶん殴ったりしていました。仲良くなったのは、タカノリクンが授業中にスーツを着たゴキブリが頑張る「社長」シリーズという漫画を描いていたからで、小学生の時に漫画を夢中になって描いていた俺はとても感動したからでした。

タカノリクンは頭のおかしい中学校に通っていました。タカノリクンが海に行くと海の家に水中銃が置いてあり、それを勝手に持ち出して友達に発砲、足に銛が突き刺さり、あわてて抜こうとするも銛の仕組み上それはできず、大人が大勢集まった結果、電鋸で焼き切り病院に搬送されたという。そういうことが頻繁にあったそうです。タカノリクンは「あれよぉお、先端がクイってひっくり返っててぇえ、抜けねぇようになってたんだよぉお、よくできてるよなぁあ」と、思い出しながら感心している様子でした。

ある日タカノリクンと歩いていると「あれを見ろぉお！」というので見てみると、人の家の出窓にガンダムが沢山飾ってありました。

「おお、すごいね」

そう思ってタカノリクンがいた方を振り向くと、すでに彼はそこにはいなくなっていて、探すとガンダムが飾ってある家の出窓から手を振っていました。勝手に人の家に上がり込んでいるのに平然としていて、どーれーにーしーよーおーかーなーといった感じでガンダムをひとつ選んで、ニコニコしながら外に出てきました。

タカノリクンは俺に色々な衝撃を与えてくれて『孤高の遠吠』に登場する敵キャラクター、ウメモトジンギのモデルのひとりになりました。

高校生の時も友達と集まってホラー作品を観るのが流行りました。タカノリくんが好きだったのは白石晃士監督の『裏ホラー』で、俺にとって衝撃だったのは「隣之怪」シリーズ（何話か忘れてしまいました）に出てくる、ダウン症の幽霊の話です。主人公は幽霊がダウン症とは知らず、調べてる最中に「あの気持ち悪い霊」などと言ってしまい、その霊の母親に「あの子は天使よ‼」と激怒されます。おじさんの膝小僧に目玉をつけたような、衝撃的なデザインの幽霊もそうですが、とにかく凄まじい話でした。

どんでん返しより『狂い咲きサンダーロード』

皆、衝撃に飢えていたので『ユージュアル・サスペクツ』『メメント』『セブン』『ファイト・クラブ』などといった、どんでん返しや衝撃のラストの映画をレンタルして好んで観ていました。それらは刺激的で確かに楽しかったのですが、俺は『ファイト・クラブ』を観てからは衝撃などどうでも良くなり、もっと自分を奮い立たせてくれるような映画はないか？　と思うようになりました。

そこで『バトル・ロワイアル』に立ち返り、そういえばこの深作欣二監督って人の過去作はどんなのだろう？　と聞いたことのあるタイトルである『仁義なき戦い』に手を出したことで、まさに自分を奮い立たせてくれる映画に出会ったのでした。

この時期に、同じコーナーにあった『狂い咲きサンダーロード』も観てしまい、とうとう本当に頭にキテしまい抑圧してくる存在全てに喧嘩をふっかけたいと、そういう気持ちになっていったのです。

そこで事件がありました。

通っていた高校には、熊のようにタッパが大きいことからオオグマ先輩と呼ばれる暴力主義者が君臨していました。俺はその先輩が無性に気に入らなくなり、威張りやがって！とネチネチことあるごとに睨みつけるようになりました。毎日のようにオオグマ先輩が歩いてる先に立っては、ギ！　クタバレ！　と念を込めて睨みつけ、すれ違う。家に帰ってはジムまで走って筋トレをして、オオグマくたばれ！　ぶっ倒してやる！　ふざけんな！と暴れまわって家に帰る。そういう生活を続けていました。

ある日いつものようにオオグマ先輩を睨みつけていると「なんだてめぇ？」と話しかけてきました。いつもと違うので俺は一瞬ビビってしまいましたが「一度イモを引いたやつは一生イモを引く」ということをその時観ていた熱い映画たちは教えてくれたので「おめぇと喧嘩がしてぇんだよ」と口に出してみました。

そうすると周りの先輩たちがオオ！　とかオオグマにあんなこと言うとはすごい度胸だなどと声をあげるので、俺はだんだん良い気になってしまって「してくれよ、祭りみてぇな喧嘩をよ」と付け足したのですが、これは超ダサいと思ってすぐに後悔しました。タイムマシンがあったらいいなと思うのはこんな時です。

「表に出ろ」

実際にこんなセリフを他人の口から聞く日があるとは思っていませんでした。家に帰って映画が観たいなぁと思いましたが、こうなっては後に引けません。テンパって「表に出ようぜ」と俺も言いました。それは相手がすでに言ったことなので普通に無視され、どんどん外に出て行きました。校舎の裏です。

「校舎の裏で喧嘩するなんてバカみたい。この上でコケたら痛いだろうな」などと思いながら地面の砂利を蹴っていると「進学受験があるから、顔はなしな」などと、あのオオグマがルールを垂れるので「スポーツマンじゃないです！」と騒ぎながら飛びかかりました。我ながらカッコいいセリフと思いましたが、これは何故か最後が敬語になってしまい、格好がつきませんでした。いつもあとちょっとのところで失敗してしまう性格がここにも出てしまったのです。

俺は力任せに連打で仕掛けましたが、オオグマ先輩のパンチ一発がズシンと響いて驚きました。なぜ驚いたかというと、オオグマ先輩が殴ったのは俺の顔面だったからです。テメェはいいのかよ！　とムカついて顔面を殴ると「なしっていっただろう！」と注意を受けました。イエローカードです。スポーツの審判に理不尽があったときに怒り狂うファンたちの気持ちがわかりました。力では勝てないので、これはいけない！　と思って飛びかかり、小学生の時ほんの少しだけ習った柔道の技をかけました。「刃牙」シリーズの渋川剛気がデカブツをひっくり返す場面をイメージしながら仕掛けました（イメージが力になると同作に書いてあったからです！）。ところが思っている通りには行かず、オオグマは微動だにしませんでした。それどころか逆に俺のことを突き飛ばし、ひっくり返った俺の上に馬乗りになってきました。殴る姿勢をとりながら「まだやるか」と聞かれ、ああ「刃牙」にそんなセリフがあったなぁと思いながら、まんまと降参しました。

制服がズタズタになったまま教室に戻ると皆が近寄ってきて心配してくれました。心配ってうっとうしいな、と思っている時、遠くで見つめるだけで何も言わないタカノリクンがより好きになりました。普段先輩にペコペコしてる奴が駆け寄ってきて「ダセェ！負けた？」などとほざいてきたのですぐに首をしめたら「はぁ？いきなし怒ってるし！意味ワカンねぇっ」とむせながら逃げて行きました。

その時は好きだった女の子に話しかけられたのですが、頭に血が上っていたせいか全然小汚いブスに見えてしまい、つい無視をしてしまいました。

弟が暴走族に

事件は続きます。

中学生の弟が、暴走族になりたいと言い出したのです。

そんなの勝手になればいいじゃねぇかと皆さんは思うかもしれませんが、暴走族になるためにはヤクザにごちゃごちゃ言われないためにすでにあったグループを受け継ぐ必要があり、そのためにはまず特攻服を30万円ほどで買わなければならないというのです。

ごちゃごちゃ言われるのが嫌だから暴走族になるのだろうと思うのですが、そうなるためにはかつて暴走族をやっていたであろう人たちにお金を払って見逃してもらわなければならないのです。

クソくだらねぇと思いました。

俺自身は抑圧されることにとても腹が立っていたので、カタチだけの解放にしか思えない暴走族にヘドが出るような怒りを覚え、この時、弟と俺は完全に仲が悪くなりました。

シュークリームが大好きで飼っていたコウモリにまでシュークリームをあげていた弟。

中学校のすべての鍵を盗んで、夜な夜な校内で怪しい集会を開いていた弟。

プロレスが大好きな弟。

俺の大好きな弟が暴走族だの、ヤー公だのというズレたところで威張りをかますクソのような連中に良いようにされるのが本当にムカつきました。このムカつきはその後新たな事件に繋がっていきます。

特攻服の30万円を払う払わないで家族で大喧嘩になりました。ガラスが割れ、親子供兄弟関係なく頻繁に殴り合って、本当に誰か死ね誰でも良いから殺してやる、と思いながら日々が過ぎて行き、結局は母が30万円払いました。この一件が終わったあと、引っ越そうということになり、長年住んだ団地から出ました。ヤラセくさくても心機一転を図った行動に出ないと、もう本当に危ないからと思っていましたが、母からすれば彼氏と一緒に暮らしたいというだけの話でした。

人をぶん殴って褒められたら御の字

俺は焼肉屋で生まれて初のバイトを始めました。そこには中学時代からの友達、大石淳也もいました。大石とは高校は別でしたが、平日休日俺のいるいない関係なく家に遊びに来て勝手に飯を食ったりゲームをしたり漫画を読んでいました。ひどい時は、勝手に米を炊いて、勝手にバーベキューセットを広げて、勝手に知らない人を呼んで、庭先で勝手にパーティーを開催したりしていました。

大石の勝手さは目に余りましたが、弟が暴走族になったり、母が新しい彼氏に色ボケて言動がおかしくなって、一緒に暮らしている婆ちゃんと母の仲がどんどん悪くなっていることから目を背けたい俺にとっては、その勝手さがある意味気休めになっていた気がします。

そんな奴とバイト先まで一緒とは、いつか頭がどうにかなるだろうと思いながら働いていると、ある日、大石がニヤニヤ近づいてきて、

「聞いたぜ、ヤベェ先輩とタイマンはって負けたんだろ」

と数ヶ月前の喧嘩の話をしてきました。負けたことから若干立ち直っていたところなのに、いやだなぁと思っていると、

「一緒にさぁ、日本拳法の道場に入らねぇ？」

と市内で有名なケンカ拳法の道場に誘ってきました。筋トレは好きでしたが、ルールは

圧力！　と考えている俺にとってスポーツの類は性に合わないと思い断りました。でもそこは大石、しつこく誘ってきます。

「人ブン殴って、褒められたらよ、御の字じゃんか」

「おめぇの気にいらねぇ不良、かたっぱしからブン殴りやすくなるだろうぜ」

それを聞いて俺は弟を取り囲む不良たちのことを考えました。筋トレもして、拳法もやって、不良をブチ殺そう。そう思いました。

ちょっと話が変わりますが、映画関係者によくある意見で「殺したいかわりに映画で殺す」とかそういうものがあります。それは違うと思っています。殺したい相手がいるなら、ちゃんと暴力で殺すことを目指した方が良いはずです。映画で殺しても、だいたい同じ考えの人が「そうだ！　すっきりした」とティッシュ片手に思うだけで、絶対的に解消されません。徐々に社会が変わっていくとかも言いますが、それは良い気分に浸っている最中のてめーの頭の中だけではないでしょうか。

それに、映画内で自分の考えた有利な状況でブチ殺してるようなのは、演出ではなくただの八つ当たりだし、撮った人が「こういう奴を殺したい」と思ってるんだろうな、と透けて見えた時点で、強引に「こういう奴」にした人間描写から、人間の多面的な部分を表現するのを放棄したことが露呈して、その途端に『失敗を「あえて」という言葉でごまかしがちな学生映画』みたいな下手くそクサさが臭ってくると思います。

映画は映画で頑張って、殺しは暴力で頑張るべきだと、別々で考えるべきだと、そう思っています。

拳法の稽古は面白かったですが、何回か通っていてトラブルが起きました。大石淳也が稽古の組手でメリケンを使用したのです。

「はぁ？　サッカー部だってスパイク履くじゃんかよ？」

そう言い訳しながらメリケンのトゲを自慢げに撫で、少しも悪びれる様子もない大石淳也は、一番タッパのある師範に腹をぶっ飛ばされ、厳重注意を受けていました。

不良を殺したい

タカノリクンと俺はヘアカタログを見て髪型にこだわるのにハマっていて、同じ床屋に通っていました。進学コースのパリピたちは美容室に行っていましたが、俺は顔を剃ってくれない、眉毛を整えてくれない場所に用はなく、床屋さんでビッと細い眉毛にしてもらうことに喜びを感じていました。あまりにも俺とタカノリクンがその床屋を褒めるので、大石淳也も真似したくなったのか、一緒に行くことになりました。

その時期の俺は誰と話す時も「不良を殺したい」と言っていたのですが、そんな時ちょうど床屋の前にある公園に、改造バイクでコール音を練習している同世代の不良たちが3人タムロしていました。俺は「ほら、言ったそばからこういうバカがいるよ」とデカイ声でかっこつけて威嚇してから、何もせず床屋に入りました。

素早くカットしていく職人技、これだから床屋はたまらない！ 続いて顔剃りになり、座椅子が倒されます。片方の顔を剃ってもらった後、首を振って顔の向きを変えます。床屋の入り口はガラス張りで、向かいの公園が見えるようになっています。顔の向きが変わったことで公園が見えるようになったのですが、そこで先ほどの不良たちがこっちを見て中指を立てて笑っているのでした。

不良どもめ、憎い不良どもめ、殺してやる、と怒りがこみ上げて来ましたが、顔にはカミソリが当たっているので、怒りによる震えを止めなければならず、ムカつきが倍に倍にと余計に膨れ上がっていきました。

会計が終わるとすぐに大石淳也を連れて公園に入り、不良たちにケンカをふっかけました。

3名いるうちのひとりが「やってみろ」というので先に思い切り殴りました。俺は暴力に関しては「やってみろ」とか言われるとカッとなってすぐ手が出てしまうのですが、そこまではオートマチック操作であって、本心は怖がりなので我に返った一発目以降は「怖い」「なんでこんなことしちゃったんだろう」「助かるためなら何でもする」と思いながら暴れるように続けて殴ります。相手が屈み込んだ時に尖った木の枝を拾ったらしく、背後で見ていた大石淳也が「枝拾ったぞ！」と大声を出しました。

ケンカをする直前に「淳也もやる？」と聞いた時は「俺は審判をやるぜ」といっていたので、それは審判としてはダメじゃないかな？　と混乱してしまいましたが、頑張って暴力を振るい続けました。俺は力がそんなになく、技術もないので、相手を殴り倒したりすることはできず「もうやめにしますか？」と質問すると「降参する」と言われて、勝ったことになりました。いきつけだった床屋さんは、次から予約の電話に出てくれなくなりました。

この一件から、大石淳也は暴力に取り憑かれ、沼津市に遠征して「修行」と称してカツアゲを繰り返す恐喝魔になり、俺は不良相手に挑発と襲撃を繰り返したため、「不良狩り」

と呼ばれるようになっていきました。ですが、弟とつるんでいる一番憎いはずの不良グループに向かっていくことは一度もしませんでした。

大石君と決闘

そうしている間にだんだんと大石と俺の仲が悪くなっていき、富士宮市の夏祭りの日、理由は忘れましたが神社の裏で喧嘩をしました。「神社の裏で喧嘩なんて本当にするんだ。ばかみたい」と思いながら行くと、大勢のギャラリーが待っていて立ちくらみがしました。大石はポケットの中に手を入れてゴソゴソしながらこっちを睨んでいます。

「ポケットの中にメリケンがあるな」と思いましたが、それがわかったところでどうしようもないので、とにかくまずは「すごい戦いがはじまる感」を出すために、地面に落ちている石を拾って、上に投げました。地面は砂利だったので、投げた石が落ちてくればガチン！　と鳴ってゴングみたくなるはずです。

こういう演出を先にやる方が有利になったりする気がしますから、大事なことです。しかし投げた石は砂利の上ではなく草むらに落下したためボソボソ！　と予想外のダサい音が鳴りました。幸運な事に大石はそれに戸惑い「もう1回石投げてみる?」という顔をしてきたので「知るかバカ!」と殴りかかりました。

大石は不幸な事にポケットの中でいじっていたメリケンをうまく取り出すことができず、慌てた衝撃でドブに足がはまり、テンパっている間に「こわいよぉもうやだよぉ」と騒ぎながら殴ってくる俺の打撃を全部まともに喰らってしまい、途中で降参しました。

ギャラリーが非常に多かったこと、大石淳也が「9針縫って腕の骨にヒビが入った」と自分で言いふらしたこと、喧嘩の類は尾ひれが付きやすいこともあって、俺は高校別喧嘩が強い人ランキングに入りました。挑戦者や襲撃してくる人が増えてしまったのです。

今、映画を撮るようになって思うのが殴ったり蹴ったりするアクションのシーンで「本当にあたっているように見えるかどうか」を厳しく見る人がいます。俺はこれに凄く不信感があります。

例えば喧嘩などの暴力の現場に出くわしたとき、後から怪我の様子を見ると「あれ?お前そんなとこ殴られたっけ?」と、どう考えても殴られたようには思えない場所に痣や切り傷といった怪我を負っていることが多いし、争いのきっかけになる一発なんかは大抵「へ? 今のって当たったの?」と思うようなものがほとんどです。それなのに映画の暴力シーンについて「あの殴ってるとこ、当たったように見えなかったなぁ」とかいう人を見ると、なんだか童貞がセックスを熱く語る姿に似た、経験のない人たちの妄言に思えます。

暴力を振るう、振るわれるといった直接的な経験でなくていいと思います。ちょっと街に出てみれば喧嘩や小競り合いのひとつは見られるはずですから、確認してみて欲しいです。

大抵そういう「当たってる当たってない」を熱っぽく言う人は、宇多丸さんなどの映画を扱うラジオで言っていたことのモノマネをしているだけで、その人個人に特に意思はなく、カラオケと同じなのでほっておけばいいのですが、問題なのは、作る側までがそんな人達の意見に左右され、当たってるように見せるためにわざとらしくカットを割って、シーンの熱をしらけさせていることだと思います。

空振ったように見えるのに、バキ！　と乾いた音がする。みみっちい人間たちにはどうしたって暴力をコントロール下に置けないという薄ら寒い恐ろしさが「当たったようには見えないけど、当たったことになっている打撃」にはあると思うのです。

弟の事故

暴走族になった弟が事故を起こしました。

家でいろいろなところに電話をかけ、頭を下げたりわめいたりしている母が一旦落ち着くのを待って事情を聞くと、一緒のバイクに乗っていた不良友達が重傷で、弟はそいつと同じ救急病院にいるとのことでした。弟はいつの間にか（はじめからだったのかもしれませんが）副総長になっていたことを、その時知りました。

母と一緒に病院に行くと、診察台のうえで弟が倒れて呻いていていました。「お兄ちゃんが来たぞ」と言いたかったのですが、弟の猿に似た顔が無性に神経を逆撫でたので思い切りブン殴りました。小さい頃だったら俺に殴られたらすぐに大泣きしていたのですが、その時の弟は「こんな感じかぁ」というような、わりと平然とした顔をしていました。それを見た俺は、不良と一緒にいたせいで「殴られ慣れてしまったんだな」と弟の兄離れを感じました。

弟と一緒に2ケツしていた不良友達は、肉の中で足の骨がひっくり返るという重傷で、カタワになる一歩手前だったといいます。俺は、弟と一緒に遊んでいたせいで鉄棒のボルトネジが頭に突き刺さって死にかけたやつのことを思い出し、昔からそうだったな、それが弟でなくてよかったなと思って病院から出ました。

家に帰ると、停めてあった弟のボロボロのバイクが目につき、無性に腹が立ったので蹴っ倒してめちゃくちゃにしました。

「俺の弟をこんなにしやがって、不良を皆殺しにしてやる」

と胸に決めました。

停学とバッドエンド映画

彼女をとったとられたで不良とトラブルになった大石淳也が、市内にある山の頂上で決闘をするというので、呼ばれました。

校舎裏に公園に神社裏に山のてっぺん。喧嘩に使ったら恥ずかしい場所スタンプラリーというものがこの世にあったら俺は何かしらの景品がもらえるんだろうなと思いながら見ていました。

大石は喧嘩が始まる直前、俺に向かって「小林勇貴ぃ、もし俺に何かあったら、墓は拾ってくれよ？」と言ってきました。墓を拾ったらお骨が丸見えになって遺族が悲しむと思うので、即座に断りました。

相手の不良も知的に問題があるのか、「大石！ 俺たちサッカー部だったよな、テメェの顔面にシュート決めてやるぜ」と騒いでいました。

そんな大石と相手の不良の間に、ふたりの争いの元になった女の子が立っていて「わたしのために、もうやめて」などとわざとくさく泣いているので、野次馬していた何人かが「バカみてぇ、あのアマを一発ブン殴ればいいじゃん」とヤジを飛ばしはじめました。知恵の遅れた酷いとこに来ちゃったなぁと思っていると、相手の方の野次馬の中に、普段から俺のことを「殺す」と息巻いていると噂の不良がいたので、そいつに近寄って行きました。

その不良は俺が近づいてきたことがわかると走って逃げて、近くに停めてあった車に飛び乗りそのまま逃げようとしました。俺は車を走って追いかけ、ちょうど横並びになった時に、頑張って飛び蹴りを喰らわせました。衝撃で弾かれゴロゴロと地面を転がった時「こんなことでヨイヨイ（半身不随）になったらバカみてぇだな」と自分を心配しましたが無事でした。これによってまた悪評が広まったわけですが、この時期は本当に不良嫌いのピークでした。

そういった日頃の喧嘩が高校にバレてしまい、停学処分になりました。謹慎中することがないので、本当に久しぶりに映画を観ました。映画館ではなくレンタルだったせいもあるのか、どんな映画を観ても途中でどうでも良くなって止めてしまうことがほとんどでした。

「観てなかったらバカにされるんだろうな」という理由で、興味のないガンダムシリーズなどをぼーっと観ていました。本当に嫌になってくると、できる限りの高音で大声をだして暴れていました。あまりにも奇声をあげるので、近所の人から「イタチを飼うのはやめてください！」と苦情がきたほどです。

『ダンサー・イン・ザ・ダーク』『ミスト』『ファニーゲーム』『パンズ・ラビリンス』といったバッドエンドと評判の映画を借り、それらは最後までちゃんと観ていることができました。バッドエンドの評判をあらかじめ聞いてしまったら、それ以降はただバッドエンドなのを確認するという作業なだけで、これは一体何の意味があるんだろうと思っていましたが、それでもこの時は映画の評判を調べてから借りて観るということを繰り返していました。

免許を取って将来を考える

謹慎処分が解けると自動車学校に通って免許を取りました。車を手に入れたことで運転してひとりで廃墟に行ったり、車の中で寝たり、ひとりの時間が好きな俺には夢のようでした。ただ免許を取る時に同じ自動車学校に通う不良に喧嘩を売られ、その勝負の最中、柵に突っ込んだ時に有刺鉄線が落下して偶然俺の首に巻きついたせいで、首に切り傷ができてしまいました。この傷は今でも残っています。行く先々で不良と喧嘩になるので、いい加減うんざりしていました。

大学への進学が決まったのですが、経済学部など心から興味がないので辞退し、デザイナーになりたいとぼんやり思いながら市内にあるイタリアンレストランでデザートを作るバイトをしていました。その時にはすっかり漫画熱、映画熱が戻っていて『シグルイ』に熱狂し、東映実録やくざ映画やホラー映画をレンタルで観ていました。

小学生の時から仲のいい笠井というやつの家に行って好きな映画の好きなシーンだけ観

て語り合うということも、定期的にやっていました。これがのちに映画倶楽部という団体になります。

「デザイナーになりたい」と言うと富士宮の大人たちは鼻で笑いました。というよりそもそも「東京に行って勉強したい」という時点で、必ず何かに騙される。東京でダメになったやつをいっぱい見てきた。地獄を見るぞ。そう脅してくるのです。

酔った勢いで若者にがなりたてるときは「今しかないんだから好きなことをしろ！」などと調子のいいことを言うくせに、好きなことをしようとすると血相を変えて「そんなワケのわからないことはあきらめて冷静な道を選べ、もういい大人なんだから」と言うのです、同じ口で。

「デザイナーなどという職業が本当にあるのかもあやしい。一体なにをする人なのか？」といってくる大人もいました。富士宮は工業地帯で工場が多いので、つまりそういったところで働くのが普通です。皆「市内にない職業はこの世に存在しない」と思っているのです。

市内全体に「なにをしてもどうせだめだ」という空気がのっぺりと雲のように覆いかぶさっていて、たとえば新しいお店などができると「あんなのすぐにつぶれる」と皆、必ず言います。

　そんな環境のもとだったので、レストランの厨房で毎朝パセリをむしっている時、ふと「そうなのかもしれないな」と思うことがありました。でも大人の言うことを聞いて良かったためしが一度としてないという実感があったので、デザイナーになりたいかはちょっとぼんやりしてるけど、諦めるのはやめよう。そう思いました。

　その時、弟は定時制の高校に通っていたのですが「バス停が遠い」という理由で不登校気味になっていました。母は「お願いだから高校は出て欲しい」と言っていたのですが、プロレスのゲームをやって無視するのが弟の常でした。

　ある日俺がバイトから帰ると、母親が何かを引きずって大変そうに歩いていました。よく見るとそれはバス停で、母は弟が高校にちゃんと通うように、バス停を家に近づけているのでした。

　唖然としてその様子を見ていると、家の玄関があき、弟が走って母に駆け寄り「俺もやるよ！」と一緒になってバス停を引きずっていました。それを見て俺は、一刻も早くこんなクソ田舎を出て、東京で勉強してデザイナーになろう。そう心に誓いました。

TOGA

第1章

不良、映画を撮る

上京、映画、読書の日々

東京のデザイン学校に通い始めてからは夢のようでした。

まずデザイナーという職業が本当にあったこと、それを目指して日本各地から同世代のやつが集まっていることが特に衝撃的でした。心細くパセリを千切っては大人に罵倒され、タルトを焼いては「東京で失敗しろ」などと言われていたのが嘘のようでした。田舎の大人たちの脅迫は全て嘘だったのです。

同じクラスの皆が、俺の観た映画、読んだ漫画はもちろんのこと、俺が知らないことを沢山知っていました。友達に名画座というものを教えてもらい、その存在に衝撃を受けました。富士宮は1軒も映画館がなく、隣の富士市まで行かないとダメでしたから、映画といえばレンタルが当たり前。そんな俺にとって、東京は映画館が多すぎるのでした。早稲田松竹のカッコつけた特集。シネマヴェーラのオッサンが寝まくっている特集上映。新文芸坐のチャーハンのにおいの誘惑に絶対的に勝てないオールナイト。レンタルが富士宮に置いてない、そもそもソフト化されていない、観たくても観られなかった『脱獄広島殺人囚』『実録 私設銀座警察』を観ることもできました。ビデオを観るため、VHSのデッキも手に入れました。

このあたりで鈴木智彦さんの著書を読むようになりました。ノンフィクション系の本を好んで読む友達がいて、薦めてもらったのがきっかけだったと思います。デザインの成り立ちを学ぶために美術史の本やデザイナーの著書を読みふけっていました。それによって美術やデザインがその歴史の中でどういう事情で変化して、今の形になっていったか、その中でどういう技法が生まれて廃れて変化していったかを知るということが自分は好きなんだと気付いて、昔から好きだった映画についての本も読むようになりました。

その時に読んだ本は例えば『映画というテクノロジー経験』『定本 映画術／ヒッチコック、トリュフォー』『映画史を学ぶクリティカル・ワーズ』『シネマの極道』『一人でもできる映画の撮り方』などです。その時は自分で撮ろうなどと考えてもいなかったのですが、映画について知ることが非常に楽しかったので『マスターショット』などのカット割りに関する本も読みふけりました。そういった本の気になったところに付箋を貼って、後で自分なりに分析したことをノートにまとめていきました。

『いかにして100万円でインディーズ映画を撮るか』は、「まず100万円なんて貯金、俺たちに無ぇから」という事実はさておき、いかにしてヤル気を無くさずに最後まで映画を撮り切るか？　という撮影中のサバイバルについて細かく書かれていますし、『映画の授業 映画美学校の教室から』『一人でもできる映画の撮り方』も非常に参考になって、自主第一作目の『TOGA』を撮る直前も再度読み込んでから撮影に挑みました。

「何かを作る前に、必ず取材をする」

東京はイベントが非常に多いです。デザイナーとしてあこがれだった高橋ヨシキさんのイベントに勇んで行くと、ヨシキさんはイベント開始早々「ヘイルサタン！　佐藤可士和をブッ殺せ！」と発狂していました。同じ学校のやつらの唯一嫌いだったところが、佐藤可士和万歳！　の雰囲気だったので、これには白目をむいて感動しました。

余談ですが、佐藤可士和関係ですごい創作燃料になるのが、可士和の嫁が書いた本です。嫁がすごい人なわけではないと思うのですが「あなたたちの知らない、私だけが知ってる可・士・和♥」といった感じが全文に行き渡っていて、パンチングマシーンの記録が強いヤツの名前を出してイキがってくる雑魚不良の姿が脳裏によぎって、意地悪な根性がメラメラと燃えてきます。俺と同じようにこういうタイプの人間に腹をたてることで創作意欲を湧かせる人にはオススメの一冊です。

デザイン学校でとにかく叩き込まれたのは「何かを作る前は、必ず取材をすること」です。これは今も映画を撮る時に実に活きています。例えば脚本にするとき、頭の中だけで考えた情景がいくつかあったとして、それらはつなげようと思っても上手くつながらず「つながる理由」を新たに考えなければなりません。そのまま映像にすると、そこで明らかにペースが落ちます。それに対して取材で得た事実は、全く関係のないもの同士でも簡単につながることが多いのです。事実は接着面が広いのです。突拍子もない展開にするためには軸の強さが必要ですが「本当にあった」ということの強度は、それに耐えられますから、絶対に必要な行為だと思います。

他の同世代監督たちは、この取材という行為に何か後ろめたさがあるのか、単純に面倒くさいのか、何かとブレーキがかかってしまうので取材をろくにしません。そのせいで脚本上にこじつけくささ、キャラクターの多面性のなさ、意外性の作り方のヘタクソさ、そもそも全てが机上の空論に過ぎない感じなどがダダ漏れしている気がします。面倒なことのひとつも出来ずにエンターテインメントを作ろうとはどういう了見なのでしょうか？

デザインを学んだことがきっかけで、美術史に興味を持ちました。美術史に関する本を読み、美術館に通い、イギリス、フランス、イタリアなどの美術館にも行きました。中でも好きだったのは光の演出が大胆でドラマチックなバロック主義の絵の数々です。画面の構成もかっこいいものが多い気がします。バロック主義が始まるきっかけになったと言われている画家、カラヴァッジョが特に好きでした。

カラヴァッジョ自身は人をぶん殴って殺したりしている野蛮な人です。『パウロの回心』という絵は、普通パウロの頭上に天使が舞い降りてきて、それに驚いたパウロが落馬する瞬間を描いた物が多いそうなのですが、カラヴァッジョが描いたパウロの回心はそうではなく、ただ目を閉じたおっさんが馬から落っこちているだけなのです。なぜかというと「天使なんてそんなものは本当はいなくて、その人の頭の中に起こることだから」だそうです。おそらく当時一番言っちゃいけないようなことを平気で絵にした野蛮な画家、人を殴って殺したエピソードも相まって、その時の俺のヒーローでした。

タイ、ベトナムなどを友達と旅行し、行く先々で喧嘩して暴れました。海外だと、ひとりでインドに1ヶ月近く行ったのですが、その時が一番楽しかったです。駅に着くまでに我慢できず電車の窓から落下する人がいたり、紅茶の茶葉を買う時になぜか茶葉売買専用の車まで移動させられ、警察の目を気にしながら取引をしたり、マックのポテトを食べていたら勝手にケチャップをつけて並べ始め「全部にケチャップつけてあげたからチップくれ」と言われたり、インドの乞食ってスゲェ頭わりぃな！　という経験がいくつかできました。観客に唖然としてもらいたいシーンを考える時は、このインドの乞食たちのことを思いながら作る場合が多いです。

デザイン会社に就職する

色彩検定を取ったり、ＤＴＰ検定を取得したりして、真面目にデザインの学校で頑張っていたら、成績優秀者に選ばれ10万円をもらいました。その金で動画撮影機能のついたデジタル一眼を買いました。このカメラが後に映画を撮る時に一番初めに使ったカメラになります。

デザイン学校生をやりながら働いていたバイト先のデザイン事務所にそのまま採用が決まりました。２年制の学校だったのですが、２年生の10月に内定が出たので、就活の苦労が真っ先になくなって安心しました。入社先のデザイン会社は結構忙しく、研修期間から担当をもらって、終電間際の深夜まで仕事をしていました。大変ではありましたが、そもそもやりたかったことですから、それはもう毎日が楽しかったです。土日はちゃんと休みだったので、金曜の夜仕事が終わると新宿TSUTAYA（改装前、スタバの出来損ないになる前）に駆け込んで、しこたまDVDを借りてぶっ通しで観て、上映時間がきたら寝ずに映画館に駆け込んで何作もハシゴするという生活を送っていました。

上司はラジオが好きで、宇多丸さんや町山智浩さんのラジオをよく聞いていました。ふたりで平山夢明さんのイベントに行ったこともありました。宇多丸さんのラジオは俺も最初聞いていたのですが、あまり参考にならないので、すぐに聞かなくなりました。

この上司は、深夜になって他の社員が帰って俺とふたりきりになった時、元々映画が好きだった俺の話を好んで聞いてくれました。

その時の俺の映画の話というのはほとんどが悪口で「生ぬるい」とか「ばからしい」とかそんなようなことでした。ある日いつものように映画の話を振られたので罵詈雑言をわめいていると「そんなに言うならお前、自分で映画撮ってみればいいじゃん」と言われました。あまりに突然だったのでテンパってしまいながら、出来ない理由をどんどんあげていきました。

「だって機材がないし」

自分が言ったことに対して、すぐに頭の中で反論が浮かびました。

――一眼カメラがあったよな？

「照明と録音どうするんだよ」

――気にしなければいいじゃん。

「脚本はどうするんだよ」

――書いてみりゃいいじゃん。

「出演者は？」

――友達でいいじゃん。

バカじゃねぇの、やりもしねぇうちからガタガタと。

できない理由をどれだけ考えても、すぐに「こうすればできるんじゃねぇの」と頭によぎりました。絶対に撮れるじゃん。そうとしか思えなくなり、上司と話したその次の週の土曜日に、映画を撮ることを決めました。

脚本を書いてみる

会社で仕事をしているふりをしてテキストエディタを小さく表示し、そこに脚本を書いていきました。テーマはすぐに決まりました。「キチガイがずっと追いかけてくる話」です。なぜ？　そこからどうなる？　それもすぐに決まりました。その時読んでいた中島義道の本に「あなたが善の気持ちで注意した相手がおかしい人だったら、その人に殺されることだってある」というような一文があり、それが可笑しくてたまらなかったので、そういう話にしようと思いました。

「ある夜、人をぶん殴ってるキチガイがいて、たまたま見かけた正義の人は注意してしまう。キチガイは延々と追いかけてくる。正義の人は、とうとうキチガイを殺してしまう。自分が否定した暴力を、自分が振るって終わる」

場所はどうしよう？　と思いましたが、内容とは裏腹に爽やかな画面にしたかったので、河川敷でやることにしました。観ている人は「最後までどうせ河川敷なんだろうな」と決めてかかるでしょうから、途中から舞台が恐ろしい廃墟に変わった方が驚かれて面白いだろうと思い、自動車免許を取ってからよく行っていた廃墟も舞台のひとつに選びました。

ここまではひとりで出来ますが、次からが難関だと思っていました。

出演者という問題です。

「最初に映画を撮ろうなんて言ったら絶対にドタキャンされる」

まずそう思いました。友達連中は無気力で他人任せな人間ばかりで、バーベキューすら当日面倒くさくなってドタキャンするような連中ですから、まず端から信用しません。もし「映画を撮ろう」なんて言ったとしたら、最初は面白がって「いいじゃん面白そう。絶対やろうよ」などと気前のいいことを言うでしょうが、撮影日が近づいていくにつれて「面倒くさいな」「他の用事が入るかも」だのとグダグダ言いだし、最終的に「俺はそもそも忙しいんだ！　かまってられるか！」などと、特に用事もないくせに迷惑そうに騒いで以後連絡がつかなくなります。

地獄のような田舎絵図が簡単に浮かびます。誰がお前ら面倒くさがりの無気力に振り回されるか、嘘つき根性かまされるくらいならこっちから騙して強引に付き合わせてやる。

そう思いました。

「ぼく静岡にちょっと帰るから、遊ぼうよ？♥」

そういうメッセージを、出演して欲しい人たちに送り、全員からオッケーをもらいました。

バカどもめ、誰が遊ぶか！　映画を撮るんだよ！　これで初日は大丈夫でしょう。

ですが撮影が1日で終わるとは思えません。次の撮影につなげなければいけないことを考えると「黙らせるハッタリ」が必要になってくるなと思いました。無気力を「黙らせるハッタリ」。それは単純に、俺は本当に映画が撮りたくて仕方がないから邪魔しやがったら八親等先まで皆殺しにするからなという厚かましさを見せつけることです。

書いた脚本にそれらしい表紙をデザインして製本。Amazonで衣装と武器とレフ板を購入。100円ショップでつっかえ棒を買って先端にモフモフしたものをつけてマイクに見えるものを作成。そして機材車兼、撮影用車両（チェイスのシーンを石井聰亙監督の『シャッフル』の撮影法でやろうと思ったため）にレンタカーを手配。スタッフは俺ひとりだけですからレフ板を持つ人はいないし、マイクに見えるものは見えるだけで実際はただのつっかえ棒ですから録音機能はありません。

やりたいのはハッタリ、これらを駆使して当日「本当に映画の撮影が始まっちゃうぞ感」を演出しようと思いました。

俺たちがやったことは形になるんだぜ

田舎の無気力をぶち殺す。邪魔しやがったらぶち殺す。俺は殺意で燃えていました。

予想通り、撮影当日わざとらしく機材を広げる俺を見て皆から「おおすげぇ」などという声が上がりました。レフ板を広げて、日光に当ててしげしげと眺めて、しまう。マイクに見えるように改造したつっかえ棒を物知り顔で振り回して「オッケェ」と小声で言って、しまう。一連のハッタリが予想以上にうまくいったのは、その場に集まったやつらが俺と同じ知能指数だったからだと思います。

殺人鬼役をやってくれた友達（前述した中学時代の筋肉質の友達）が予想以上に演技がうまく、さすが一緒に『殺し屋1』や『隣人13号』で燃えただけあって、どうやって殺意を振りまきながらノコギリを振り回して欲しいか、俺の好きなツボを押さえて演じてくれました。

異常に盛り上がる中、日が落ちてきたので終わりとし、初日の撮影は大成功しました。ですが、これだけでは「あの日は楽しかったね」で終わってしまいます。同窓会の酒の肴のために映画を撮っているわけではないので、それでは困ります。

次のハッタリをかまそうと思いました。

土曜の始発で静岡に帰り、昼に撮影し、日曜の始発で東京に戻り編集し、夜までにYouTubeにアップしました。

「俺たちがやったことは形になるんだぜ」

それを具体的に見せれば、続きは自分たちが撮ることでしか生まれないのだから、面白ければ完成するまで付き合ってくれるはずです。面白いものを撮っている自信はありましたから、あとは行動するだけです。このハッタリも上手くいき、2ヶ月間の土日、日数で言えば5日間ほどで全撮影が終わり、第一作目が完成しました。

血糊の作り方を調べて覚えたり、好きな映画の真似をしたシーンをふんだんに入れたり、カット割りをその場で相談しながら考えたり、展開に詰まったら大喜利のようにアイディア合戦をして決めたり、撮影は夢のように楽しいものでした。編集も楽しく、当時好きだった三池崇史監督っぽい「ちょっと黄色いというかオレンジっぽい画面」を目指して色補正をしたり、映画内で起きている出来事とギャップのある音楽を入れたり、やってみたかったことをやっていきました、タイトルは最初から決まっていて、罪とかを意味する言葉、咎『TOGA』にしました。

以前一緒に「好きな映画の好きなシーンだけを観る会」をやっていて『TOGA』にも追いかけられる男役で出演した笠井が、撮影の途中から積極的にアイディアを出してくれるようになり、『TOGA』は、笠井と一緒に脚本を修正しながら撮っていきました。このことから「最初に会社のロゴが出た方が本物っぽいし、この調子で、俺たちふたりで映画制作団体を作ろうぜ」といって出来たのが『映画倶楽部（シネマトクラブ）』（世界初の映画撮影・映写機であるシネマトグラフをもじりました）です。

俺と笠井は「今後、女の子にも出演してもらえるように」と願いを込めてハートマークなどを用いたかわいいデザインのロゴマークを作りました。これから自分たちは本物の不良しか出ない映画ばかり撮ることになるとも知らず、我ながら皮肉な話です。

YouTubeよりFC2が便利

作品は、途中までYouTubeにアップできていたのですが、途中からブロックがかかるようになりました。

原因は使用した音楽のせいで、著作権を無視してアップロードした動画は共有できない設定になっているようでした。

楽曲の著作権に関しては3作目の『Super Tandem』で大事件が起こるのですが、すでに第一作目から権利がらみのトラブルが起きているのでした。こっちはその音楽を利用しての利益なんて微塵も考えていなく、友達同士で共有して、地元の人たちにも観てもらえればいいいなぁという程度なのに、突然軽い犯罪者扱いの上等くれちゃってふざけんなよなと思いました。

YouTubeの勝手な被害者意識のせいで『ジョッキー・フル・オブ・バーボン』などの使いたかった曲を変更するのは絶対に嫌だったので、他の動画共有サイトにアップしていきました。当時ブロックがかからなかったのは無法地帯で有名だったFC2動画だけで、無法者にぴったりだ、今度から作品は全てFC2動画にアップしようと決めました。ですがFC2動画にも問題はあり、再生中に「会員登録してください！」と警告が出て動画が止まってしまうので、仲間内での評判は良くありませんでした。

数日間の努力を2分の登録で見られるようになるのですから、それくらいはして欲しかったですが、アップした動画は市内で少しだけ（友達の会社の上司が見ているとかの範囲）拡散され、感想をもらいました。

知らない人からの感想で多かったのは「2話はいつ?」。意味わかんねぇな、映画だって言ってるのに。

「続きがありそうな終わりかただね」。これはどんな映画に対しても言う人がいますね。こういう人は、たとえ登場人物が全員死んだり、地球が爆発してもワケ知り顔で「うぅん、続きがありそうだなぁ」などと平気で言いますから、タフだなと思います。

身近な友達からの感想に多かったのが「小林にしてはおとなしい」というものでした。普段から過激と言われる漫画や映画を好んでいた印象が強かったんでしょうが、これが一番堪えました、悔しかったです。

次はもっと気分が悪くなるものを作ってやる。毎回そうなのですが、撮った作品に「あすればよかった」という後悔があったことは一度もなく「次はこうしてやる」という次への怒りが生まれます。

感想の中で面白かったのは「暴力のウイルスみたいなのが蔓延して感染していくという話なんじゃないのか?」というもので、俺としては「お前が正義ヅラして注意したことで、お前自身に危害が及べば面白ぇのに」「注意してくるやつが嫌い」という意地悪な気持ちで作ったので、予想していなかった感想がきて、なるほどと感じました。

ですが、こういう考えすぎなことを言う人は、だいたい『エヴァンゲリオン』に対しての無駄な考察サイトとかをずっと見ているようなやつらなので、この層に媚を売るような行為は危険だな、無視をしようと心に決めました。

絶対に怪我しないカッターナイフ

よく映画を撮る人が言いがちな言葉で「映画は観客に観てもらって初めて完成する」という、体育教師が目に涙を浮かべながら言う御託のような意見がありますが、これは全然違うと思います。

自主制作第一作目の時は前述したように予想外の感想は確かにありましたが、ここから3作、4作と続けて撮っていく上でそれは減っていきました。常に自分が撮る映画について考えるからです。

どう撮ったら、どう感じるか？ 常に何個も、何十個も想像して、実際に撮り、それを何度も見ながら編集して、感想を、どんな気持ちになるかを、数え切れないほど想像します。その上でほぼ全ての感想は出尽くします。

ですから「ワオ！　予想外の感想！　やっぱり映画は観てもらって完成するなぁ」などというのは、自作に対する想像力や他作品に対するリサーチが足りないだけではないでしょうか。

宣伝文句だった場合もおかしな話で「観てもらって完成するので観に来てください」などと言われれば、未完成のものを人に観せるとは何事だ？　となりますし「完成に立ち会えますよ」という意味なら、人んちのガキの出産立ち会っても複雑な気持ちになるだけですし、観客参加型にしたいのであれば、別の仕掛けや宣伝方法を考えたらどうでしょうか。全てをおざなりにした怠け者のセリフなんですよ「観てもらって完成」なんていうのは。だから映画は「観てもらって」ではなく、作業が終了したときに完成します。客はそれに銭公払って、ただ楽しめばいいんです。

前作よりももっと過激にして、ごちゃごちゃ言う奴らを黙らせたい。『TOGA』から「映画倶楽部」を発足させた笠井とふたりで、2作目の準備にかかりました。

まず脚本を書く上で、やりたいシーン、真似したいシーンをふたりであげていきました。例えば、耳をちょん切りたい。首を切って血を噴射させたい。『牛頭』の動物いじめ、小型犬をぶん投げるシーン。『家族ゲーム』の卵を舐めるシーン。『ぼっけえきょうてえ』で指に針を刺すシーン。『隣人13号』の包丁をガチャガチャ洗うシーンなどです。

エンターテインメントにしたかったので、最初と最後で物語のジャンルが変わる作品にしようということも決めました。『TOGA』の時もそうしたつもりだったのですが、今度はより強く、ガラリと変え観ていた人を突き放してしまう位やってやりたい、そう考えて「前半は映画を撮っている人たちの話で、途中から殺人鬼が出てきて、最後はヒーローが出てきて倒す話」という軸が決まりました。

この前半と後半でジャンルが変わっていく仕掛けは振り幅の強弱はあれど、すべての作品でやっているつもりです。全編が同じでは自分が撮っていて飽きてしまうからというのもありますが、ジャンルがスライドしていくことを「目的」とするような作りにすれば、登場人物たちがその結果に陥ったことが何かの因果に見えて、物語の強度があがると思うからです。

軸が決まって、そこから笠井とふたりでやりたいシーンを補強していく無駄なアイディアを肉付けしていき、暴走した物語が形になっていきました。

なぜ映画を撮っている人たちの話にしたかというと、別にそうでなくても良かったのですが、どうせ映画を撮るので他の何かを準備するよりかは手間が省けるのでそれに決めました。軸の部分で参考にした映画は『ELECTRIC DRAGON 80000V』『狂い咲きサンダーロード』などの石井監督作品です。

前半の映画少年の話は「何かをやりきろうとする時、どうしたって孤独」ということを少し描いていて、これは『孤高の遠吠』につながっているなと、今になって自分で思っています。

今回もタイトルがすぐに決まりました。

『絶対安全カッターナイフ』です。

その時笠井は大学でプロダクトデザインの勉強をしていて、そこで出た課題のために「絶対に怪我をしないカッターナイフ」を作っていました。笠井は袖に常に「棒手裏剣」を仕込んでいて、気に入らないことがあるとすぐにそれを投げたり、「燃やしちまえ」「刺せば済む話」などと口にする危険思想の強い男だったので、そんなやつが作るナイフが安全なわけがなく、その皮肉さが自分たちの映画に合っていると思ってそのタイトルにしました。

ちなみに『絶対安全剃刀』という漫画があることは知っていましたが、そのことは特に意識しませんでした。

変なものが話しかけてくる

前回よりはもっとちゃんとやろうと思っていたのと、その時読んでいた富野由悠季監督の『映像の原則』の影響もあり、絵コンテを書き出しました。書いていて、血液を噴射する場面や、指に針を突き刺していく場面の仕掛けを、俺はどうするつもりなんだろう？　どうやればいいんだろう？　と焦り、すぐに笠井に相談すると「俺が作るから黙ってろ」と返ってきました。

父親がジャンク品を修理するのが趣味だったりして、笠井自身も手先が器用でした。このことから『TOGA』の時も切断されるリアルな耳を作って持ってきてくれました。ですが『TOGA』で作った耳は素材が紙粘土だったため、血糊を噴射すると段々溶けて、カットを重ねるごとに小さくなっていくというトラブルがありました。そこで俺は「紙粘土は使うなよ」と注意すると、無視をされました。

自主で撮った他の作品に比べて『絶対安全カッターナイフ』は準備するものが多かったことを覚えています。内臓などの肉類は本物の肉で良いということは何となくわかりましたが、仕掛けに必要なものは本当にそれで正しいのか探りながらだし、衣装にしてもこだわりたかったので、メインキャラクターの服のほとんどを買いました。

最後に登場するヒーローは『狂い咲きサンダーロード』のようにプロテクターを装着するのは決まっていましたが、それだけでは物足りないので戦っている途中に過剰に力を使ったことで白髪になるというアイディアを出しました。何の影響なのか自分でも判然としないのですが「殺人者なら白髪がいい」という願望がずっとありました。小学生で漫画を描いていた時も、一番悪い奴、強い奴を白髪に描いていました。こうしてヒーローの外見に対するアイディアがまとまっていきました。

笠井が「相棒がいた方が良い」というので、相棒をキャスティングするのはドタキャン問題にも絡むことだし「別に人じゃなくても、ペンダントみたいなのが勝手に喋れば良いだろう」ということで、目のところが光る骸骨のペンダントを買って、それがヒーローの相棒ということにしました。このペンダントは編集の時に俺が自分で声をあてて、しゃべっている風にしました。

これをやったことで「変なものが話しかけてくる」というのが無性に好きになり『NIGHT SAFARI』では月が話しかけてきたり、『孤高の遠吠』ではバイクが話しかけてきたり、ずっと続けていく描写のひとつとなりました。

ちゃんとやろうとするあまり、持っていく道具や機材が前回よりも何倍も多くなってしまったので、東京から静岡へ向かうのが非常に大変でした。俺が住んでいる東京から静岡へ向かうには、まず山手線で池袋方面から品川に行って（反対側なのでこれが地味に遠い！）、そこから東海道本線に乗って「東海道線なんて誰が乗るんだよ」って路線なのに座れず、重い荷物を持ったまま、邪魔そうな目つきを周りからされながら熱海まで出て、そこから空いている東海道線静岡行きに乗り換えます。ここでやっと座れるわけですが、だいたいこの辺りから酔っぱらいが増え始め、各々勝手に宴会のようなことをやっているので車両がスルメとかホタテくさくなっています。おつまみと酒息の悪臭でギンギン頭が痛くなりますから休憩のしようがありません。

田舎者、ぶち殺してやる。そう思いながらその日の台本やカット割りを確認します。怒りに任せて「殺ち殺して殺る（ぶちころしてやる）」と走り書いて、これを『絶対安全カッターナイフ』のキャッチコピーに決めました。

撮影は楽しかったのですが、非常に大変でした。ちゃんとやろうとしていたので、手伝いに来てくれた友達にレフ板を持ってもらったりしたのですが、持っている最中に首のあたりがカユくなったりして、我慢せずむしって掻くので、光がチラチラ動いたりして、それで撮り直し。マイクを持ってもらえば「触ると気持ちいいから」という理由でジャマーに触ったりするのでゴソゴソした音が入ってしまいやり直したり、そんなようなことが何度もあって、ちゃんとやろうとこだわった分だけ傷つくことが多かったです。

それでも笠井が発明した首から血を噴射させる装置は見事な出来でした。注射型の浣腸器の先端にチューブが付けてあり、その先にペットボトルを削って作った半円の薄いフィルムが付いていて、それを、血を噴射させたいところにベルトのように付けて、あとは血糊を入れた浣腸器を押せば、フィルムに入った切れ込みから血が噴射する仕組みでした。どこにでも装着可能なベルト型の先端が秀逸でテキパキと撮影を進めたい俺にはうってつけでした。

俺と笠井は、自分たちの映画のために発明品が生まれていくことに興奮しました。指に針を刺して血が出てくるシーンは、指の素材は結局紙粘土でしたが、下からチューブが伸びていて、そこにまた浣腸器を接続すれば、針を刺したタイミングで爪と肉の間から血が出てくるという仕掛けでした。笠井が作ったこの指の素晴らしいところは、爪がちゃんと爪のような色をしたフィルムで作ってあり、針をねじ込むとパキ！　と剥がれて、じわぁ

絶対安全カッターナイフ

と血が出てくるという、危険思想の強い笠井ならではのこだわりが光る逸品でした。

風呂場で殺人をして解体するシーンでは、俺の母の家の浴槽いっぱいに血糊を溜めて、肉を茹でて出したアクを乗せて、ウィッグからむしった毛を不快なように壁や浴槽にまぶして現場を作っていきました。途中で「足が浮いてたら面白い」ということになり、近くのおもちゃ屋まで切断された足のドッキリグッズを買いに走りました。切断された手足をもってホクホク顔で戻ると、浴槽にあったはずの素晴らしい血泥が跡形もなく消え去っていました。手伝ってくれていた友達と頭を抱えると、さっきまで居なかった母が出てきて、キョトンとした顔で「片付けちゃったけど」と言いました。俺は久々に包丁を振り回して暴れました。

坊主頭

トラブルでいうと『TOGA』と『絶対安全カッターナイフ』で共通して「主演が急に坊主になって撮影にやってくる」というのがありました。どちらの作品でも最初のうちに「撮影の2ヶ月間だけは髪型を大きくは変えないで欲しい」とお願いをしたのですが、撮影の半ばで急に坊主になって現場にきて「わりぃごめん！」などとヘラヘラ言い出すのですから、気絶しそうになり、悔しくて半泣きになって近くの雑貨屋までカツラを買いに行って撮影を続行しました。

カメラを向けるとどうしても浮いて不自然なカツラが気になります。「邪魔くさいな、迷惑だぞ、おまえ」という目を向けられながら、クソ重い荷物を抱えて東京から反吐溜めのような酔っ払い車両を乗り継いで、いろいろ準備したのに、テメェはいい気に坊主です。

坊主は反省を示す髪型と思われてるようですが、その時の俺にとってはただの挑発でした。でも無理して来てくれてるんだから、となんとか「そいつを許す理由」を無理に作りましたが、悔しくて惨めな気持ちになって、そいつを殺してやろうと思ったことが何度もありました。この「撮影中に坊主頭にされたこと」への恨みと殺意はずっと残っていて、自主制作での現在の最新作となる『逆徒』では主人公の逆徒クンへのリンチシーンのひとつに「バリカンで強制的に坊主頭にされる」という場面をわざわざ入れたほどです。

『逆徒』でこのシーンを入れたことによってようやく怒りが少し成仏しました。

他にも、友達を役者として使ったことによる癪に障る細かいトラブルはいくつもありました。

些細なことですが、観察しているとまばたきの回数が少ない人だったので「このシーンはキメるところだから瞬きしないでほしい」とお願いすると、その瞬間からケチくさく目をかゆがりだし「でも目がシパシパするよ」「もともと目が乾きやすいんだよね」と今までの様子とは真逆なことを言いだしたりして、5秒も瞬きを我慢してくれませんでした。これは俺のやり方の失敗です。友達に対しては「相談する」という行為が常に真逆の結果を生むとわかっていたのですから、瞬きを意識させなくなる何か別の方法をそこで考えるべきでした。

塩田明彦監督著の『映画術』には、監督が『どこまでもいこう』で子役に演技をさせるとき、子役にふたつのことをさせて自然さが出るようにしたという演出法が書いてあります。自分が欲しい映像を勝ち得るためには一体どんな手段で仕掛けたら一番いいのか、それを瞬間瞬間で判断していくのが監督の仕事のひとつだと思います。今も未熟ではありますが、この時はさらに未熟だったので、それがわかりませんでした。相手が協力してくれるかどうか曖昧であったりする時は、邪道から近づいて、正攻法で絞め殺す。このやり方でないと駄目だと友達の「ケチな瞬き」を見て覚えました。

友達を役者として撮っている時はこういったことが数え切れないほどありましたが、不良を役者として撮るようになってからは一度もありません。不良は約束をちゃんと守るし、我慢に関わることは見栄に関わるからなのか、多少無理があっても平気でやってくれます。「協力する」などと言っておいて簡単に裏切って（坊主にして）おちゃらけたり、急にケチくさくなったりする「友達」などという存在よりは、約束を貫徹する「不良」のほうが、よっぽど「優良」だと思うのは間違いでしょうか？　友達を役者にして映画を撮るのは本当にオススメできません。

『絶対安全カッターナイフ』では、初めてゲロを吐くシーンを撮りました。ゲロはこの後撮る『NIGHT SAFARI』『孤高の遠吠』『逆徒』でも出てくるアイテムです。何かを混ぜたりして作って、それを演じる人に口に含んでもらい、あとは吐くだけなのですが、人によっては異常に内容物にこだわってゴチャゴチャ入れたりします。俺も最初はこだわっていて、駅で見かける赤っぽいゲロを再現しようとしました。あれは盛んにカシスオレンジを飲む若者が吐きがちな、若ゲロというやつで、あの赤はカシオレの色からくる赤だと思うのですが、あの赤っぽいゲロを作ろうとして、色んな炭酸ドリンクや、ゲロっぽくなるためにお菓子など砕いて混ぜていました。俺としては満足の出来だったのですが、演じる人から「まずい、気持ち悪い」と評判が悪く、そこでモチベーションを下げさせて、その後のシーンに影響するのは困ることなので、こだわるのはやめてしまいました。別に何でやっても、ゲロはゲロです。そう思ってから以降の作品、『NIGHT SAFARI』あたりからは、材料は焼きプリンだけにしています。一品で済んで作る手間も無いし、コスト的にも安いです。そして焼きプリンは、表面の焦げ跡、プリン本体、下のカルメラと三層で構成されているので、混ぜればちゃんと最低限のゲロらしさが出ます。注意しないといけないのは、複数の人間がゲロを吐く場合、皆吐くものが同じになってしまうということです。ここは観た人から結構気づかれるポイントで、『孤高の遠吠』では何人もゲロを吐くシーンがあるのに皆吐くものが同じなので「この世界の住人は皆同じものを食べてるのか？」と何人かから突っ込まれました。

一方、ウンコは超簡単で、味噌を買って袋の角をハサミで切って押して出せばそれっぽくなります。でも当然ウンコにもこだわる異常者は一定数いて、学生残酷映画祭で『温かい食卓』でグランプリをとった浦崎恭平監督は、俺の映画『逆徒』に登場する「お皿の上のウンコ」をみて「ウンコをすると必ずオシッコも一緒に出るはずだから、お皿の上にはウンコの他にオシッコと思われる水分もないとリアルじゃありませんし、せっかくのウンコなら消化されないものも埋めとかないと意味ないじゃないですか」と怒りはじめました。

なるほど！　と思いましたが、でも、たかがウンコは何でやっても所詮ウンコなので、そこまで気にする必要は無いと思っています。楽を選びましょう。

爆発シーンの作り方

『絶対安全カッターナイフ』で最後の最後にヒーローが敵の殺人鬼を倒す場面は、ヒーローの必殺技によって敵を爆死させることになったのですが、これも撮影を工夫して乗り越えました。建物の中で煙幕花火の煙を炊いて、それを手ブレさせながら撮影し、編集の時に早送りして爆破に見えるようにし、YouTubeで拾った本当の爆破実験の音声をかぶせて作りました。

この他に「自分で爆弾をつくる」などの、理系くさい面倒な工夫を避けて爆破を派手に見せる方法は、ロケ地が廃墟などの「好き放題していい屋内」だった場合に限りますが、ネット通販とかで打ち上げ花火だけのセットを購入して、それを廃墟の天井目がけて発射する、というのが良い感じです。爆音が廃墟内でこだまして迫力のあるエコーがかった音も同時にゲットできるので、あとからYouTubeでそれっぽい音を探す手間が省けます。

ちなみにそれっぽい音を探すときは、自衛隊の発射訓練の動画などを検索して、本当の爆発音を使うようにしています

打ち上げ花火を天井にぶち当てるとその威力で天井に穴が開いて、パラパラと天井の破片が撒き飛び、リアルな爆破感を手に入れられます。打ち上げ花火は筒状なので「どっちに向けたいか」などの指向性も若干の融通が利きます。

花火を選ぶコツは「導火線が下についているものを選ぶ」です。設計などの理系くさいことは全然わからないし知る気もないですが、導火線が下についているタイプのものは、おそらく筒の内部に高く打ち上げるための機構があるため、導火線が下にあるのだと思います。だから威力が強く、無駄なキラキラした光を出さずに炸裂します。音も素晴らしく「ドゴーン！」とか「バゴーン！」という迫力ある音が出ます。逆に、導火線が上についていて、周りに引火用の紙があるタイプは「シュパーッ」というような花火でキラキラしたものが舞い散ります。ディズニー映画の魔法のシーンみたいなことをやりたければそっちの方が良いのかもしれませんが、かなり工夫しないとチンドン屋の宴会に見えるだけだと思うのでオススメできません。

これを読んで自分もやってみようと思う人がいるかもしれませんが、あなたみたいな人

はまず間違いなく発達障害気味で、何に関しても手際が悪く、少しのトラブルで優先順位を見失いますから、目玉めがけて花火が飛んできたりしてまんまと失明し、今まで仲良く映画を観ていた友達から「メクラの分際で映画の話するんじゃねぇよ。見えてねぇだろ」なんて言われるようになります。気をつけて下さい。

フリー楽曲の選び方

『絶対安全カッターナイフ』の劇中音楽には、その時夢中になって何度も観ていた『青春の殺人者』の劇中歌を何曲かと『悪の教典』の恐ろしい曲を使いました。著作権を無視して使う音楽は、最近聞いて頭から離れなかったり、昔からなぜか思い出してしまう曲を使う場合が多いです。

『TOGA』でYouTubeにアップロードする時に楽曲の著作権に関する嫌な思い出があったので、この際少しくらいは著作権フリーの楽曲も使ってみようと思い、フリー楽曲検索サイトで探してみました。曲の雰囲気などをカテゴリーで絞り込んで、検索して、聴く。検索して、聴く。全然イメージに合わない曲を聴かされ続けることで減っていく体力、いつまで続くのか終わりが見えない、創作ではなく、ただの作業。作っている時に一番キリキリするのがこの時だと思います。誰が作るどの曲を聴いてもスカスカしたものばかりで「自分で映画を撮ってる俺はスカスカしないことに一番注意を払っているのに、自分で曲を作っているお前らはなぜそうじゃないんだ?」と理不尽にムカつきました。

この問題を解消する方法は「ひたすら聴きまくること」しかありません。とにかく聴きまくって、そのサイトに集まっている人の特徴や作曲者の名前を覚えていって、より早く的確に理想通りの楽曲を手に入れられるようになるしかないと思います。自分が欲しい曲が見つからない焦りと苛立ちは本当に辛いですが、その中を楽しむこともできます。

フリー楽曲サイトの多くには曲の説明を書く欄があって、つまらない曲を作る人の多くは、この説明欄の文章が、やたら言い訳くさく、前置きが長く、調子に乗って自分の生い立ちまで書いたりして、まとまりがありません。こういう未発達な人の文章を読み込んでおくと、人をイラッとさせるキャラクターを考える時や、不穏な空気にさせる台詞を考えるときに役立たせられます。キャラクターやセリフの材料は、こういう「誰でもスピーチ可能な場所」にこそ転がっていると思います。

個人的には「DOVA－SYNDROME」に何名か素晴らしい曲を作る人がいるので、よく利用しています。その方達には本当に助けられているので、心から感謝しています。

この「フリー楽曲の安っぽさ」という問題をうまく解決した作品が小路紘史監督の『ケンとカズ』です。『ケンとカズ』では、フリー楽曲を2曲掛け合わせることでオリジナル楽曲のような豪華さを出すということをやっていました。なんでそんなことがわかったかというと、掛け合わせた2曲とも俺が知っている曲だったからです。小路紘史監督がこのクソ素晴らしい技を生み出せたのも、やはり「ひたすら聴きまくった」からだと思うので、自主制作映画を撮る方は、フリー楽曲地獄に一度落ちた方が良いと思います。

このようにフリー楽曲を使うと、同じ曲、聴いた事がある曲を使った作品に敏感になります。以前『NIGHT SAFARI』で使おうか悩んだフリー楽曲がROCKETの三輪キヨシ監督が撮ったAVのシリアスな場面で使われていて非常にヒヤヒヤした事があります。

効果音も、著作権フリーの効果音サイトから拾います。肉を切る音、骨を折る音など、それ単体だと弱いので、動画編集ソフトで重ねて厚みを出して使います。根気のある人は自分で骨付きの鶏肉なんかを買ってきて「黒澤明はこれだけでやったんだ！　そして俺もだ！」などと騒ぎながら叩っ切るということを繰り返して音を録るみたいですが、俺は一切そういうことはしません。楽を選べるところでは迷わず楽を選んでいくことが、繊細でデリケートで落ち込みやすい性分の俺が、最後まで挫けずに映画を撮りきるために非常に大事なことだと思っています。

こうして様々なこだわりと工夫をして作った『絶対安全カッターナイフ』でしたが、完成してまたFC2動画にアップして共有すると「気持ち悪い」「気分が悪くなる」といった期待通りの感想のほかに「話がよくわからない」というあまり良くない評価が殺到しました。俺はちょっとショックでしたがキチガイの笠井は「馬鹿どもが苦しんだか」と大喜びしていました。俺が当時働いていたデザイン会社の社長に観てもらうと、「カットが平面すぎるから、高台から俯瞰で撮ったり、高低差つけるともっと面白く見えると思う」などといった、撮り方のアドバイスのメモをもらいました。このメモは、その時すごく勉強になりました。その社長に「映像の仕事も始めてほしい」と言われてFinal Cut Pro Xを買ってもらいました。会社のアカウントでは購入せず、俺のアカウントで購入しました。そうすれば会社の金で買ったFinal Cutが、俺のパソコンにも入れられるからです。こうしてダータ（無料）で有料の映像編集ソフトを手にいれることができました。『TOGA』と『絶対安全カッターナイフ』はiMOVIEで編集していたので、大きな収穫です。仕事の方でやったことと言えば、いきなり映像部署を任されても特にすることがないので、社員旅行のための動画など編集していました。

『TOGA』で「物足りない」と言われて、『絶対安全カッターナイフ』で過激にすれば「わからない」と言われる。次はどうしようと思っている時、事件が起こりました。

中学、高校時代喧嘩の日々を共に過ごし、『TOGA』にも『絶対安全カッターナイフ』にも出演してくれた大石淳也が、不良に拉致、リンチされたのです。

第2章
『Super Tandem』編

『Super Tandem』

あらすじ。

仕事を辞めた大石は、「人のために何かしたい」と無口な友人荻田君を誘って自警団チーム、スーパータンデムを結成する。

タンデムという言葉には「第二の」とか「ふたり乗り」とかそういう意味がある。第二の人生を歩き始めたふたり組のパトロールが始まるが、悪人などそうそういるわけもなく、ふたりはバッティングセンターに入り浸たり、パトロールと称して近隣の学校へ不法侵入をする。

そうして敵の存在に餓えているとき、大石はTwitterで万引きを自慢げに公表している男を発見。他の画像から住所を特定し、万引き犯の家を襲撃、成敗と称して男が万引きした漫画を車で轢き、1冊盗んでフルカラーに着色して転売する。

悪を滅ぼしたと満足げな大石だったが、事件の裏には「ネットで悪事を公表することで、悪人を叩いてスッキリしたい人たちの心を救う」ことを目的とした、ボランティアチームがいた。

そのチームのボスであるクジョーとカーチェイスをした大石は、結果的に捕まってリンチされる。そこへ相棒の荻田君が助けに来るのだが――

リンチ食らった大石君

「まじでビビったよ。でけぇ石でぶん殴られてさ、耳とか半分ちぎれたからね。病院行ったらくっついたからウケるんだけどね」

電話での大石淳也はあっけらかんとしていました。この時、大石淳也は結婚生活2年目で離婚をして、『狂気の桜』に影響されたこともあって、第二の人生と称して自警団の活動を始めました。夜になって仕事が終わるとパトロールと称して車で市内を徘徊。不良を見つけると車内から挑発して逃げる、という行為を繰り返していました。自警というか、ただの迷惑な人なのですが。俺が東京でデザイナーとして働いている期間もまだ、大石は喧嘩を卒業できていなかったのです。

大石をリンチした不良はFacebook上では大石と友達だったので、そこからメッセンジャーの通話機能を使って連絡を取りました。

「小林くん、お前あいつの友達なら、なんとかしてくれよ。普段から俺のツレがあいつに挑発されててさ」

大石に連日挑発行為を繰り返された不良グループは、仲間を集めて大石の家の前に車3台を停めて待ち伏せし、異変に気づいて自分の車に乗って逃げた大石を追いかけカーチェイスに発展。大石が当時乗っていた車はフォルクスワーゲンのビートルで、大石曰く
「みてみて俺の車、外車だから左ハンドル。時速300キロくらい出るんだぜ」

それで大石にブッチぎられ、不良グループの車1台は走行中に電柱に突っ込み大破、しかもその車は車検のために借りた代車だったそうです。残った2台で大石を追いかけるも、大石は天性のずる賢さで車ごと物かげに隠れてやり過ごします。後日不良グループは、大石の元嫁の名前を利用して、大石を呼び出すことに成功し、富士宮の暴力名所、「仕掛けの森」でリンチを仕掛けたそうです。

数名で何度も何度も大石を殴ったあと、

「こいつが悪ぃんだからこいつになら何したっていいじゃん」

と暴力がヒートアップ。落ちていた20センチ近い石を持ち上げて、大石の頭に落とした

そうです。大石の頭部の皮膚は7針分裂け、耳は半分ちぎれました。

大石からリンチの現場にいたメンバーの名前を聞くと、大石や俺と同じ中学の奴が男女数名いて驚きました。そいつらは大石が殴られている時、手は出さずに見ていただけらしいのですが、「昔からの友達がぶん殴られてるところは近くで見てみたい。けど捕まりたくはないから殴らない」という、好奇心と無関心さの歪んだバランスを持った人間性に恐怖を感じました。

「俺を撮って欲しいんだよ」

リンチ被害者と加害者、両方に話を聞いている間に、大石を殴った不良ふたりが逮捕され、事件の概要が静岡新聞に掲載されました。

「新聞読んだぁ？　俺が殺されそうになった話、映画にしてくれよ。顔の腫れもひいたしさ。もちろん主演は俺で」

事件が表沙汰になったことで少し富士宮はザワついたのですが、それも気にせず大石はあっけらかんとしていました。

よく映画を撮っている人に対して「今の話面白いでしょ？　映画にしてよぉ」などとほざく人がいますが、人の仕事に対してそんな言い方するのはまず失礼だし、そう思うんだったら石でブン殴られて耳がちぎれるくらいのこと経験してきてくれないですかね？

「まあ事件のことは置いといて、俺を撮って欲しいんだよ」

事件のことは置いとくのかよ！　さっそく大石に振り回される形で、撮影はスタートしました。デザイナーの仕事が休みの土曜日の朝、鈍行で3時間かけて富士宮に行き、富士宮駅で大石と合流。中学の同級生の荻田君も参加してくれました。

カメラを持って富士宮市にあるバッティングセンター付近をブラついていると、倒産したバス会社を発見。廃墟と化した建物の周りには「賃金あげろ！」「労働者舐めるな！」などの立て看板が並んでいました。それを見た大石がハッと何かひらめいた表情をして、俺に「カメラを回せ！」と指示を出してきました。その態度が少し癪に障った俺は、大石に膝蹴りを浴びせてからカメラを回しました。

2、3回せきばらいをした大石がカメラに向かって

「ストライキ、悲しいな。昔はこの辺も、子供が遊んでて、笑顔が咲いてたんだよ」

何の話だ！　こんなバカは石でド頭ぶん殴られて当然だなと思いながらも、俺は黙って

カメラを回していました。

その後、大石の母校である富士宮北高校（映画『幕上がる』の舞台）へ行き、敷地内や校内をカッコつけながら散策する大石を撮ったり、山奥で上半身裸になってランニングをする大石の姿、噴水の水を掻き分け登場する大石の姿を撮影しました。

疲労とストレスのため俺は途中から記憶がなくなって、気づいたら東京の自分のアパートの部屋で包丁を振り回していました。

「あんな奴の言うこと聞いてちゃだめだ」と思った俺は買ったばかりのコンパクトデジタルカメラPower Shot SX720（2万円程度）を持って自宅近辺、池袋のあたりを徘徊。駅や夜道、道路工事の現場にある注意ランプなどを撮影しました。アパートに戻ってさっき撮ったものや、大石と撮ったものとを編集し始めました。

タイトルがパッと浮かぶ

方向性が全く決まってなかったので、煮詰まってシャワーを浴びていると、「今の俺みたいに、これからどうしようって思ってる人間。そいつがフラっと仕事を辞めて、自警団

Super Tandem

を志す。それが災いの始まりだとも知らずに」そんなようなことが頭をよぎりました。これなら大石の実体験に接続できます。「まあ事件のことは置いといて」と大石は言いましたが、それではダメなのです。目の前で起きた事件は描かないと。今でも思うのは、本当に起きたことを、起きてしまったことを何かの作品にして、それを楽しむという行為は、絶対に必要だということです。

物語の全体像がぼんやりと浮かんできたので、シャワーを飛び出して、濡れたまま、編集を再開しました。ちなみに、俺はこうしてシャワーを浴びている時に何か思いつくことが多く、ビチョビチョになりながらメモ帳を探して部屋を徘徊することがよくあります。

編集しながら、ちょうど荻田君も映ってるし、自警団はふたり組がいいな、そういえば、ふたり乗りのことをタンデムと言うよな、と思いネットで検索すると、「第二の」という意味もあると出てきました。それを見て、第二の人生とかいう言葉ムカつくから、そういうこと言いそうな主人公にしよう、というイメージが湧いてきました。『TOGA』では、殺人鬼に追いかけられる主人公は、正義の気持ちから恐ろしいことに踏み込んでしまいます。そういった展開を強化したものがこの映画にもハマるだろうと思い、主人公の設定を歪んだ正義の人、としました。設定というか、実際の大石が本当にそういう人なのですが。

スーパーな第二の人生を求める、スーパーなふたり組の自警団『Super Tandem』。タイトルが決まりました。

俺の人生だからLife…

そこまで決まったところで、編集を再開しました。

音楽があると編集しやすいのと、テーマがその時点ではっきりするので、まず音楽から決めました。ドビュッシーの「月の光」です。「第二の人生とか言いそうな主人公」の気持ちになれば、仕事を辞めようと決心したクサい感傷に浸ってる時は、それくらいキザったらしい音楽が頭の中に流れていそうだよな。そう思ったのと、これから編集する動画で、大石をその気にさせなければならないので、もしかしたら後で変更するにしても、今はこのくらい上等なクラシックから初めてやったほうが大石はノッてきそうだな、と計算してのことです。

決まってくるともう俺の中で悪ノリが始まって、ダンテの文章なんかを引用して冒頭に差し込みました。こういうのは、文量の多さに対して読めないスピードで次のカットに行くのが大切です。大真面目にそんな文章に対して同意しているわけではないからです。たとえ気付かれなくても「この作品は、真面目だの正義だのというものを、ものすごく、からかっているんです」ということを最初からやりたかったのです。

アパートの近くを徘徊して撮った道、駅、工事現場の映像を音楽に合わせて組んでいき「仕事辞めよう」と思ってる人の目線としました。それだけでは伝わらないと思ったので、「仕事を辞めた」などとテロップも入れました。工事現場の映像は、注意書きが多く、危険信号に見えたので「決心したことのせいで災いに突入していく」という演出にぴったりだと思いました。『Super Tandem』の冒頭に出てくる照明はすべて、一見すると綺麗な光ですが、それらは全部「この先危険」を意味する光なのです。

「超いい感じじゃん。俺はこういうのがやりたかったんだよ」

大石の調子のいいメッセージに唖然としました。

「でもタイトルは『Super Tandem Life…』だな。俺の生活だから、ライフってな」

語呂が悪ぃ！

殺すぞ！

最後につけられた3点リーダーにムカついて返事を送ると、大石はTwitterに「俺の主演映画、『Super tandem life…』乞うご期待!」などと勝手にほざいていて、めまいがしました。でも大石のその勝手さのおかげで、主人公大石が勝手にどんどん行動したことが、災いのきっかけになる、というのが思い浮かびました。その頃はTwitterなどに万引きや放火などの犯罪自慢や、スーパーの冷食コーナーに体を突っ込んで自慢している人たちが度々炎上して、バカッターなどと呼ばれていました。

敵はバカッター軍団

俺は犯罪自慢よりも、そういう人を見つけて、袋叩きにしている人たちに興味というか怒りの矛先が向いていました。

「主人公の大石はバカのカスで暇なので、普段から悪者を探してパトロールと称して徘徊している。善であるという建前があればどんな行動でも許される。善は歯止めがきかない。対する敵は、悪事をネットで発表している軍団。なぜか? バカッター騒ぎを起こせば、それに喰らい付いて炎上させる人たちは満足を得るから。悪人を見つけた自分は善人だと思い込めて、心が救われるから。究極のボランティア軍団。それが大石の敵」

大石の行動をパトロールにすれば、最初に大石淳也主導で撮った校内をうろつく場面や、山道でのランニングなどがそのまま素材として使えます。前半のパトロールシーンはこれで埋まったので、この先の「パトロールで見つけた出来事が災いとなり、リンチにつながる」という展開を撮っていかなければなりません。敵役が必要なのです。

デザイナー仕事が休みの土曜日。敵役のひとりに、高校時代のギャンブル友達、ユーマ君を呼びました。ユーマ君は高校の時、悪事で停学になったり、俺とのチンチロリン勝負やポーカー勝負に明け暮れたためにそれでまた停学になりそうになった気前のいいやつでした。そんなユーマくんも快く参加してくれ、映画の内容もユーマ君に頼んだ役者も面白がってくれました。ユーマ君の役は、Twitterで万引きを発表したばかりに、悪者を探してパトロールしていた大石に目をつけられ、家を襲撃される人です。

敵は本物の暴走族

展開としては、このユーマ君の役を大石が襲撃したことで、ユーマ君が自分のチームのボスに報告、悪事を発表したいボスは大石に接触しようとし、大石淳也の実体験通りカーチェイスが勃発。捕獲された大石はさらなる悪事＝リンチの生贄となる。

「敵役って嬉しいなぁ。敵がカッコイイ映画は面白いから、ちゃんとやるよぉ。でも俺がきっかけで、もっとやばい奴が出てくるんでしょ？　その役はどうするの？」

それはもう決まっていました。

小学校の時の同級生で、高校の時に御殿場市という富士宮市から離れた場所の高校に行ってしまってやや疎遠になった友達、石川ボンという男です。噂によると石川ボンは御殿場市で暴走族をやり、不良との接点が非常に深いということだったので、石川ボンを敵のボス役にすれば、ツテで本物の暴走族を呼んでくれるだろう、そしたら大石をリンチするシーンがリアルになって大石淳也が本当にやられた恐怖がでるのでは？　と思いました。

もとより友達に不良のフリをしてもらったり、役者の人を呼んで不良の演技をしてもらうつもりは少しもありませんでした。なぜなら映画で見る不良、皆が思っている不良は、絶対に本物のそれと違うからです。

「不良は気に入らないから、そういうバカであって欲しい」

「不良には興味ないけど、たしかこんなんだったような」

という無理解に押し込められた不細工な印象でしかなく、それは差別と変わりません。

大石淳也とは長い付き合いなので、大石を密に描く自信はありましたが、敵役の不良たち、大石淳也をリンチした者たちを密に描くには、本物達に出てもらって、それをよく見て、しっかり描くしかないと思っていました。どちらが主人公だろうが、敵だろうが、間違ってようが正しかろうが、俺の映画に出てくる人間ならば、描き方の不平等は起こしたくないのです。そういった理由で、石川ボンという男に声をかける決心をしていました。

BGMで脳内麻薬を噴出させる

ユーマ君の登場シーンの話に戻ります。Twitterでユーマ君の万引き自慢ツイートを目撃した大石が、画像から住所を特定して、ユーマ君の家に勝手に乱入して万引きした漫画を奪い、相棒荻田君の車で轢き、轢いたくせに1冊盗んで、去っていく。盗んだ漫画を独自の手法でフルカラーに着色し、駅前で転売。

ここは大石が闇に落ちていくまさにきっかけのシーンで、物語上の何か大きな変化が起きる時は、長回しのワンカットで一気に見せた方が、加速感が出て観る人を一気に引きずり込めるはずなので、この一連の流れは長回しで行くことにしました。

場所は俺の母が住んでいるアパートで、ユーマ君の母親役で俺の母にそのまま出演してもらうことになりました。「どんなお母さんがいいの？」と演技の内容を聞かれたので、いつも通りのヒステリックババアのままで大丈夫！　と答えると、すかさず殴られました。

段取りを終えてもうどんどん本番で撮っちゃおうという時に大石が怪訝な顔をして「ちょっとまて、小林ィ、ここの音楽はどうなる？」

役者が撮影中に、編集時につけられる音楽について口挟み出すことなんてあるのかなぁ。でももうそれは決まっていました。ベートーベンの「歓喜の歌」です。『Super Tandem』は冒頭クラシックから始まって、「主人公大石の感情に大きな変化がある時は、そういう音楽が流れる」という規則がひとつ出来上がっていましたから、ここではやっと悪者が見つかって、自分の善意を振りかざす理由ができて、大暴れする理由が生まれて、本当に嬉しい！　というシーンなわけで、それはつまり音楽にしたら「歓喜の歌」だと思ったのです。

シーンを撮るにあたって、音楽をあらかじめ決めておいたのには、ちゃんと理由があります。深作欣二監督が何かのインタビューで、クラシックを使おうと思ってるなら撮るときからそのつもりで撮らないと、クラシックは音楽として強すぎるから、そっちにひっぱられて編集で上手くいかなくなる、と答えていたことを本で読んで知っていたからです。なんでも先にイメージして、ちゃんとやっておいた方が上手くいくものなので、今でもシーンに対して音楽のイメージがある時は、あらかじめそのリズムに合うようにイメージして撮っています。

「歓喜の歌」を説明するために大石に向かって口ずさむと

「ああ、脳内麻薬が出そうだね！」

と大喜び。そういうところは気が合います。そこでハッと思いついたのが、脳内麻薬が出てるならなんか視界が色濃く見えてそうだよな、ということです。

ワンカット中、彩度の低かった画面が、大石が敵ユーマの家を見つけた瞬間にグワッと色濃くなり、そのタイミングで「歓喜の歌」のボリュームも上がる。悪者を見つけて喜ぶキチガイの追体験を観客に喰らわせる。そういう思いで撮りました。

何度かやった後、成功。成功テイクで大石淳也がアドリブで「おい！　万引き！」と怒鳴り散らす演技が大変よく、大石のキャラクターが一段と明確になったと思いました。一度ヤリすぎてくれるくらいがキャラクターと観客の間のモヤを晴らしてくれるものなんだろうなと思いました。

「映画の撮影は楽しそうだから、最後まで付き合うぜ」

敵のボス役を依頼するために、小学校の同級生、石川ボンと久々に再会しました。大石淳也がリンチされた事件の映画を、大石淳也主演で撮っているから出演してほしいと説明すると

「淳也をヤッた方とは俺は友達だから、そこに関しては何も言わない。けど、映画撮影は楽しそうだから、しっかり最後まで付き合うぜ」

気前のいい返事に頼もしさを感じましたが、当時石川ボンは離婚直前（現在は離婚）状態にあり、大石淳也も離婚した直後だったので、俺の中で「離婚したヤツは自主映画に協力的」という法則が生まれました。自主映画の皆さん、協力者を募るなら、バツついてる人が狙い目でっせ。

万引き犯ユーマ君を成敗後、相棒の荻田君と解散して帰宅した大石は、自分の家の前に不審な車が停まっているのを見つけます。これは大石淳也の実体験と全く同じ、というかその後いろんな不良に話を聞いて共通するのが、リンチの直前は、自宅の前に不審な車が

停まっているということです。このシーンではそれを再現しました。不審な車から走って逃げる大石、追いかける車、不利と思った大石は『グランド・セフト・オート』のように車から一般人を引きずり降ろし、そのまま車を強奪して逃走。敵とのカーチェイスが始まる。

いくら石川ボンが気前いいとはいえ、新しい参加者ということもあるし、一気に映画撮影の楽しさに引きずり込みたいと思っていたので、カーチェイスから始めるのは丁度いいと思いました。自主映画だし、共同作業なので、次もその次も来てもらわないとなりませんから、早いうちから共犯者になってもらわないといけないのです。

カーチェイス撮影の極意

カーチェイスのBGMにはきゃりーぱみゅぱみゅの「にんじゃりばんばん」を使おうと思っているというと大石淳也も石川ボンも大爆笑、ユーマ君は出演シーンこそありませんが手伝いに来てくれて、さっそく撮ろうということになりました。順番に、カーチェイスが始まる直前をゲリラで撮り、ヒートアップしたところで、富士宮市内でもかなり大きい道路、西富士道路に向かいました。これはバイパスにつながる道路で、俺が幼い頃は有料でしたが、高校生にあがるくらいで無料化されました。つまり高速道路みたいなビジュアルの道路を何回戦も無料でトライできるのです！

『Super Tandem』で初めてカーチェイスを撮ってみたわけなのですが、カーチェイスを撮るときは、三つの視点から撮影します。追いかけられる車の視点、追いかけている車の視点、その2台を捉える視点。この三つの視点を撮るために、最低でも3回は同じ道を走ります。俺の基本的なカーチェイスの撮り方がこれです。追いかける車からの視点は、俯瞰気味のアングルから撮って威圧的な印象を出し、追いかけられる車からの視点は、煽り気味で撮って、追いかけられている、圧力をかけられている印象を出そうとします。2台を捉える視点の時は、無難なアングルのカットが撮れたら、突然ズームしてみたり、地面スレスレの視点から撮ってみたり、遊びをいれます。

やはり運転手が大事で、不良な性格の人の運転は、度胸が座っていて攻めに攻めてくれるので、際どくてカッコイイ、迫力のあるカットが撮れます。不良は運転がうまいです。それは当たり前の話で、暴走行為などの危険運転を生き抜いてきた連中なのですから、少しくらいのカーチェイスは安全運転の範疇なのです。そこが真面目に生きてきた人とは違います。

真面目な人にカーチェイスをお願いすると、本当に悲惨なことになります。例えば少し車を転がしてもらっただけで「ああ、真面目に生きたことで、脳に首輪をつけられたんだな。この人」と唖然となります。こういうショックは、その後も映画を撮り続けることに非常に影響するので、なるべく受けたくないショックだと思います。俺たちが撮るのは映画であって、自動車学校の教材ではないのです。カーチェイスは不良に頼みたいです。

『Super Tandem』のカーチェイスは運転手に非常に恵まれていて、石川ボン（追いかける車）も大石淳也（追いかけられる車）もユーマ君（撮影用レンタカー）も元々不良なので、迫力ある画が撮れました。幸運だったのは石川ボン君の車が、天井にも窓がついていて、それが開くタイプだったことです。これなら追いかける車の真上からの視点が狙えます。そういう車でない場合は、箱乗りをしないといとなりません。

追いかけられる車からの視点は、荷台に乗ってハッチやトランクリッドを開けて、そのまま走ってもらいます。2台のチェイスを捉える撮影用レンタカーも同じ要領で、開けっ放しの荷台から撮ります。これは『Super Tandem』の時には気づかなかったのですが、この撮影用車両は軽トラが最強です。

まず軽トラは荷台が広くて本当にいろんな角度から撮れるし、軽トラはいろんなものを引っ掛けるためのフックがあらゆるところについているので、多少無理な体勢でも、そのフックを指で掴んでおけば安心です。乗用車の荷台だと屋根がありますが、軽トラの荷台にはそんなものはないので、「追い抜いていく姿」をそのまま撮ることができます。これはカーチェイスのスピード感を伝えるためには非常に重要なことなので、自主映画の皆さんがカーチェイスを撮るときは軽トラと不良のドライバーをオススメします。

撮影当日は雨

こう過激な撮影があると、平日のデザイナーの仕事がいささか苦痛になりはじめました。何をしてもボーッとしてしまい、Illustratorのウィンドウの隅にテキストエディタを表示して、サボってることがバレないように気をつけながら、これからの休日撮影でやりたいこと、出てきたアイディアをまとめていきました。

次の撮影は、カーチェイスの末に捕獲された大石が、大量の不良に囲まれ、リンチされるという一番の見せ場です。本物不良を石川ボンに呼んでもらえることが決まり、感激しました。すごいスケールになる！　映画撮影が本当に楽しみで、いてもたってもいられなくなり、社内を徘徊しました。

社内だけでは飽き足らず、意味もなくエレベーターに乗って、用事もない、知らない会社が入った階で降りて、非常口から飛び出して、階段から自分の会社のある階へ戻っていく、そういうスポーティーなことを繰り返していました。映画撮影のある土曜、日曜から近い月曜、火曜あたりまではまだ楽ですが、水曜、木曜は「なんでこんなことしてるんだろう！　準備しないといけないことたくさんあるのに！　深夜まで働かされて！　なんなんだよ！」と本当にキツくなってきて、金曜日には「撮れるものだけが撮れるのであろう」などと、悟りの境地に達します。

不良軍団との撮影の日になりました。石川ボンに電話すると

「今日来るのは、俺が入ってた暴走族のメンバーだから、俺の話は聞いてくれるけど、ヤクザからスカウトきてるやつとかもいるし、本当に危ないやつらだからさ、どーなるんだろうね。あっはっは」

あっはっは、そーなんだ、怖いよ！

非常に怖い連中らしいということを大石淳也と相棒役の荻田君に伝えると、

「ボンちゃんがなんとかまとめてくれるっしょ」

などと楽観的に考えていました。撮影地は、山にある公園の駐車場にしようということになりました。この時の小林組は、こういうことが当日決まるんです！　でも平日は東京でデザイン仕事をしないとならないので、ロケハンには来られないし、誰かに頼もうにも皆だって働いているし、仕方のないことなのです。山奥にある公園は、駐車場が広く、不良軍団が乗ってきた車をそのまま並べられるという理由から決まりました。不良が乗っているカスタムカーを扇状に並べて、そのライトに照らされる逆光の中、大石がリンチされたら、どんなに恐ろしいだろう。そういうイメージがありました。

「あ？　なんか雨降ってねぇか？」

天気予報では雨なんて言っていませんでした。でも、富士宮は天気が変わりやすく、1年のほとんどが曇り空で、雨ばかり降っています。海も山も川もあって、カーチェイスができる道路も沢山あって警察も全然来ない。映画撮影にはうってつけですが、天候だけは不安定です。

不良達との集合場所は、撮影地の近くのコンビニ。集合時間も迫ってきているし、どうしよう？　と悩んでいると、大石淳也が、

「もっと山の方に行けば降ってねぇんじゃねぇの？　そこで撮ることに変更すれば？」

もう不良軍団が来てしまうので、早く決めなければなりません。決断は監督の大事な仕事のひとつです。それならもっと山の方へ行って様子を見てこようと車を走らせると、むしろもっと雨が降っていて唖然。

「あーわりぃ、山の方が雨降ってるの、当たり前じゃんねぇ」

大石淳也のキチガイに構った俺が間違いだった！　早く引き返さないと不良軍団が集合場所に来てしまいます。焦りまくった俺を、荻田君と大石淳也が切なそうな顔で見つめてきました。

「コンビニでカップ麺食べたい」

不良軍団との集合場所は元の撮影場所から近いコンビニです。だったらそっちのコンビニまで我慢して、不良達を待ちながらカップ麺を食えば安パイです。そう伝えると
「そんなこと言ったって、すごい腹減ったし、御殿場のやつらだろ？　そんなすぐこねーよ」

石川ボンが呼んでくれた不良軍団は富士宮から40キロほど離れた御殿場の不良でした。

大石淳也と荻田君に根負けしてカップ麺を啜るふたりを見ていると、石川ボンから電話が

かかってきました。

「今皆で向かってるんだけど、もう着くぜ！　予定より15分以上早くなっちゃったけど！　いるでしょ？」

いないです！　困りました。

よく考えてみれば、相手は不良です。元暴走族です。信号や速度制限を守るはずがありませんから、常人の3倍以上のスピードで移動してくるのです。驚いた大石淳也が、カップ麺を盛大に吹き出しました。一目散に車に飛び乗り、集合場所へ向かいました。

結果的に集合時間には間に合ったのですが、先に到着した不良軍団を15分ほど待たせた形になってしまいました。ゆっくり集合場所のコンビニ駐車場に入ると、漫画でしか見たことないような不良が、漫画でしか見たことないような感じに、ズラ〜っとコンビニ前にたむろしていました。

戦慄。

自分が呼んでもらったくせに。田舎のコンビニは駐車場がやたら広いので、不良軍団からちょっと離れたところに停車しました。荻田君は怯えて黙っています。俺が車から降りると、大石淳也がついてきて、

「俺がワガママ言っちまったからこうなったんだ。俺が先に頭下げてきてやるよ。監督の立場守んねーとな」

そう言って颯爽と歩いた大石淳也でしたが、近寄って数人の不良と目があった瞬間

「さっきカップ麺食ったからかな？　便所行きてーや」

と言ってコンビニ内に消えて行きました。さようなら。もう俺ひとりです。

自分の映画だから挨拶はきちんとする

「テメェかぁ？　俺たち呼んだのぉぉお！」

鋭い眼光としゃがれ声にビビりましたが、ちょっと前にいろんな人と喧嘩していた時期のことを思い出しました。それに比べたら、この人達はこれから一緒に映画を撮る出演者だし、せっかくこんなところまで来てくれて、遅れたから怒るのは当然だし、俺は不良を知りたくて、テメェが呼んでもらったんだし、そういういろんなことを考えてすぐに冷静になりました。

謝って、今撮っている映画の内容と、皆にやってもらいたいこと、ちょっと場所を移動

して、そこで撮ること、などを説明しました。コンビニの駐車場で大声を出してそんなことをやっていたので、何かの集会に思われたかもしれません。

石川ボンは俺のその様子を、ニコニコ見ていました。いや、あんたが仲介してくれよ！

集合場所から、撮影場所に移動する車中、コンビニのトイレへ逃走した大石淳也が
「俺がトイレ行ってる間待てば良かったのに。次なんかあったら俺に任せろよ？」

撮影場所に到着して段取りを始めようとすると、大雨が降ってきました。おい、次なんかあったぞ、大石淳也、お前に任せる。大石淳也は黙っていました。仕返しの意地悪は完了したので、俺が動かないと。俺の映画ですから、俺がなんとかしないとなりません。俺が撮りたくて始まった映画ですから、俺がどうするか決めないといけません。少し様子を見ましたが、雨は止みそうにありませんでした。最悪です。

向こうは40キロも離れたところから車飛ばして駆けつけてくれたのに、撮れない。荻田君と大石淳也を車に残して、10台ほどヤンキー仕様の車が並んだ場所に歩いて行きました。雨の中、一台一台不良に挨拶をして、今日は来てもらったのに撮れないこと、もし良かったら次撮影する時も来て欲しいことを伝えることにしました。この時俺は、心の中で「ラッキ〜！ 雨の中濡れながら言えば、必死に謝ってる感が出るもんね！」と思っていまし

た。1台ずつ謝っていく中、石川ボンは心配してくれました。

「次が俺たちグループの大将の車だよ。おっかねぇ人だから、気をつけて。はっはっは！」

だったら一緒に来てよぉ！　とは言わず、意を決して挨拶に行きました。

「すみません」と声をかけると、ウィーンと窓がゆっくりあきました。

「あのう、今日は本当にすみません、急な雨で、撮れそうにありません」

何も返事がありません。超怖いです。

「もし良かったら、次の撮影も来ていただきたいです」

「それはいつだよ？」

「えっと、またボン君通じて連絡させてください」

「やるって決まってんだったら今いつか決めろ！」

「来週土曜日はどうでしょうか！」

また返事がありません。超怖いです。

「今日はご迷惑おかけしました。本当にすみません。し、失礼します」

立ち去ろうとすると
「今日、車検でいつもと車が違うヤツが1台、仕事で来れなかったヤツが数台いっからよ。

来週土曜ならもっと人集めてやるよ」

ウィーンと窓が閉まりました。お辞儀をしてそそくさと立ち去り、荻田君と大石淳也が待つ車に飛び乗りました。

「どうだった？」と荻田君。俺はもう嬉しくて、

「これよりもっと台数が集まるぞ！　すげぇだろ！」

大石淳也はフン！　と鼻を鳴らして、

「お前のそういう、たまーに度胸座ったところが、いいとこだと思うぜ。太鼓判押してやるよ」

テメーの芋で出来たような太鼓判なんていらねぇんだよ！　とにかく来週は絶対に撮るぞ。見知らぬ土地の不良達との、顔合わせの一日でした。

一週間して仕切り直しの撮影日。石川ボンが「前に集まったところよりか、良いところがあるぜ。きっと小林のイメージ通りだよ」と教えてくれた大きめの駐車場に集合しました。石川ボンの言う通りそこはイメージぴったりで、道の駅の駐車場から少し外れた草っ原の上に車をバァーっと並べたら、それは駐車場などではなく「日本の田舎のどこか」で、ここならもっと幅広い人に親近感をもって、戦慄してもらえるだろうと思いました。

不良軍団が到着し、石川ボンが手際よく俺のイメージをチーム全体に説明してくれて、スムーズに車が扇型に並びました。

「普段からやってるからはえーんだよ。はっはっは」

綺麗に並んだ車の前で、大石が大勢の不良にリンチされる。大石淳也からリンチされた話を聞いた時、

「殴られるより、蹴られるより、誰も絶対に俺を助けに来てくれないんだな、ということがわかったときが一番怖かったなぁ」

と言っていて、それがずっと頭の中にありました。その無常観を出すためには、少し離れた場所にカメラを固定する必要があると思って、三脚を伸ばし始めると、不良軍団のひとりが大声で怒鳴り始めました。

「いつまでンなことやってんだ！　トロくせぇ！」

「さ、三脚だから3本までです！」

そう言い訳して急いで伸ばしましたが、当時使っていた三脚は、一脚につき三段階伸ばせるので、正確に言うと3×3で9待たないとなりません。

「もういい加減にしろ！　ふざけんじゃねぇ！」

Super Tandem

三脚は諦め、脇をしめて息を止めれば少しはブレなくなるので、その方法でいくことにしました。

リンチのシーン。

大石淳也は見事に自信のリンチ体験を表現してくれました。不良軍団もヤル時はちゃんとヤル精神で真剣に演じてくれたし、石川ボンも不良のボス役を渋く演じてくれて、壮絶なリンチシーンを無事に撮り終えることができました。

本番は1回限り

退屈な平日、上司は気遣ってくれて映画の話を振ってくれたり、新しいデザインの仕事をやらせてくれたりして、俺の気持ちの間が持っていました。

これがもし、好きなデザインの仕事以外だったら、もっとキツかっただろうなぁ。好きなことを仕事にできて良かったと思いました。

それでも映画撮影に取り憑かれているのは変わらないので、より強い刺激的なシーンを撮ろうと思っていました。リンチの次に撮るのは、不良軍団のリンチから大石を救った相棒荻田君が、大石を救急病院に連れていく、というシーンです。これはもう、怪我メイクをした大石淳也を、荻田君が本当に救急病院に担ぎ込んで、それを俺がゲリラで撮影するというのが一番良いんじゃないかと思いました。

撮影日、救急病院に駆け込む直前までを、数回テストしたあと、本番に挑みました。

この救急病院は、俺が4歳くらいの時、ゲーセンですっ転んで頭をスパッと切って流血した時に親が駆け込んだことがある病院でした。その時「ちょっと待ってくださいねぇ」「ここじゃ無理ですねぇ」「忙しいんでねぇ」などとたらい回しにしようとした病院の人間に、俺の母が「だったらテメェの頭も切り裂いてやろうか！　そしたらこの病院で治してもらうんだろ？　それっておかしくねぇか？」と怒鳴り散らした結果、治療にこぎつけたと、母から聞いています。クレーマー強しです。俺の命を過去に軽んじたことがある愚かな病院なので、成長した俺が、火をつけようが石を投げこもうが、ションベンぶっかけようが、良いんです。ゲリラ撮影として作品に残るのですから、まだ良い部類だと思いました。騒がれたら面倒だし、2回やったところで思ってる感じが撮れるわけがないので、本番は1回。

俺はこういう「一度しか撮れない」という状況を毎作品で何回もやることになります。

今でも大好きです。商業映画をやる時ですら、この「一度しか実現不可能な撮影」を作ろうとしてしまいます。何度もテイクを重ねられるのも映画の特徴のひとつでしょう。でも、映画は見世物小屋です。普段見せられないものを見せる緊張感は、一度しか出来ないという緊張感から漂った方が良いのです。

一度しか出来ないことの撮り重ねで、ひとつの映画を撮るんです。成功したら現場はテンションや結束が強まりますし、映画という媒体に向いていると信じています。だから逆に、「何度もできるじゃん」と思っている人は、俺の映画の大敵なのです。

この日の大石淳也がそうでした。

一度しか出来ないと何度も説明したのに、荻田君が大石を抱きかかえて救急病院に駆け込む途中で予期せず倒れてしまったのですが、その時点で「あーもうこれダメじゃん」と思ったのか、おちゃらけ始めました。荻田君は真剣に、大石を心配する荻田君を演じ切りました。

「え？　ダメだったのに何最後までやってんの？」

ダメでも一度しか出来ないのだから最後までやるんです。荻田君の熱演あって、怪我メイクだらけの大石を見た受付の人が悲鳴をあげたのですが、大石淳也がおちゃらけたのでここは泣く泣く編集でカットしました。俺はこういう人が超嫌いです。これは凄い悲しい出来事でした。

ファンの誕生

その他のシーンも撮り終えて、平日の仕事中にこっそり編集を進めて、無事に3作目の自主映画『Super Tandem』が完成しました。

早速いつものようにFC2動画にアップし、出演者の皆にFacebookで動画リンクをシェアしてもらいました。一晩で8000再生され、今までで一番の反響でした。『絶対安全カッターナイフ』と違って、グロさはありませんが、本物の不良を使ったリンチシーン、アクションやカーチェイスもあったこと、荻田君と大石の青春っぽい要素があったことで、観た人からの感触も良く、Twitterでも少し評判になりました。

驚きなのは、このタイミングで俺のファンになってくれた人がいることです。たまに上映の時に「FC2時代からのファンです」と声をかけてくださる人が数名います。「FC2時代って……?」とは思いますが、地元の人や身内だけが観ているつもりだったので、意外でした。その時からすでにTwitterを通じて、富士宮とは無関係の、日本中の人たちが俺の映画を観て楽しんでいてくれたのです。

マイナスの感想では「キャラクターが登場しすぎて、人の顔が覚えられない」というのがありました。主に登場するのは大石と荻田君とユーマ君と敵のボス、石川ボンですから、何を言っているんだろう？　トム・クルーズか誰かがそんな病気だったような気がしますが、俺は医者じゃないので知りませんといった感じでした。まあなんか、それらしい登場シーンをつけてキャラクターを印象付けていかなきゃなんねーのかなぁ、なんていうことは思いました。

せっかく作った映画なので、もっと広めたいと思い、デザインの仕事をサボりながら作成した『Super Tandem』のポストカードを富士宮で配布する事にしました。裏面には作品解説、表面のメインビジュアルの下にQRコードがあり、そこにアクセスするとFC2動画に飛んで映画が再生されるという仕組みです。

とりあえず刷った1000枚を抱えて山手線で品川まで行き、そこから、アル中のおつまみ臭いゲップが充満した東海道線を3時間半乗り次いで富士宮に着きました。大石淳也と合流して、富士宮駅の近くにあるジャスコに行き、フードコートで勝手にポストカードをばら撒きました。いろんな人が手にとってくれましたが、再生回数はそんなに伸びませんでした。

俺はデザイナーをやっていたのでうっすら気づいてはいましたが、単純にチラシをバラまいたところで、簡単に効果が出るなんてことは、絶対に無いということを痛感しました。

第3章
『NIGHT SAFARI』編

『NIGHT SAFARI』

あらすじ。

同い歳の不良少年たちを束ねるユキヤは先輩からレイプ疑惑のある少年の襲撃を命じられる。ユキヤは仲間のモトキとタツキという襲撃コンビを使ってリンチ疑惑の少年スケちゃんを拉致、リンチする。

拷問の末、スケちゃんの仲間の居場所がカラオケ屋であることを特定し、ユキヤの右腕であるノボルがカラオケを襲撃、ビール瓶で相手の頭を叩き割る。

先輩からの指令を完遂した喜びから祝杯をあげるが、一方その頃リンチを受けたスケちゃんは、自分の不良仲間に、ユキヤたちへの復讐を依頼していた。狂気の人間狩りの一夜が幕を開ける——

不良24時

『Super Tandem』の動画再生回数の伸びも頭打ちになった頃、弟から連絡が来ました。弟がバイクで事故をして、俺が東京に出てから、ほとんど連絡は取り合っていませんでしたから本当に久しぶりの会話でした。

「お兄ちゃん。映画撮ってるよね。それ俺のツレが観たみたいでさ、面白かったって。不良に出てもらいたいなら、俺たちに声かけてよ」

どうしたもんだろう。大石淳也の事件はもう描き終わったし、もう不良を使った映画を撮る予定は全然無いよなぁ。久々に弟と話せた事は内心嬉しかったですが、映画のこととなると悩みました。『TOGA』『絶対安全カッターナイフ』を一緒に考えた笠井に相談すると、

「俺思うんだけどさぁ、警察24時ってテレビ番組あんじゃん？　警察のいいとこばっかやる、クセェ番組。あんなのじゃなくて、あれの不良版が観てぇよ、不良視点。不良24時」

笠井は本当にいい事を言ってくれます、それを聞いて俺もビビっとアイディアが湧きま

した。

「それ絶対面白い！　不良なんてゴリラとかライオンみたいなやつばっかだろ！　タイトルは『NIGHT SAFARI』なんてどうだろう！　夜の狂った動物園！」

ゲラゲラ大笑いする笠井。俺はとっさに出したアイディアで相手がつい笑ってしまったら、そのアイデアはいけるかもしれないと思っています。つい笑ってしまうという単純かつ明確なレーダーを凄く信じているのです。このつい笑ってくれる相手が誰でもいいというわけではなく、笠井が笑ってくれるか？　というのをいつも考えてる気がします。もちろん映画を撮る時は観客目線に立ってアレコレと考えるのですが、一番に考えるのは、この笠井という、一緒に同じような映画を観て育って、同じようなことを考えてる男が、果たして笑ってくれるかどうか？　ということです。実際に『孤高の遠吠』などでお客さんから評判が良いシーンは「笠井が笑いそうだな」と思って考えたシーンだったりします。

本物の不良に出演してもらったといっても『Super Tandem』で扱ったのは、友人のリンチ事件であって、不良に詳しくなったわけではありません。良くわかっていないことを良くわかっていないまま描くのは非常に危険なので、まずは話を聞いてみたいと思いました。弟に電話すると、

「わかったよ。じゃあ俺の一番のツレのユキヤってやつ紹介するよ。覚えてる？　俺んちに良く遊びにきてたよ」

良く覚えています。

弟と一緒に暴走族をやっていた男。

俺からすれば弟を暴走族の道に引きずり込んだ張本人。俺はそれが憎くて関係の無い不良たちを狩り、喧嘩をしていたのですから。心境としては非常に複雑です。でも会って話してみたいと思いました。

サメのような目をした男

ユキヤに指定された居酒屋に行くと、デカイ車に乗ってユキヤが登場しました。

デカイ！　１８０センチを超えた身長に、ドカタならではのタフそうな筋肉。何か起きても絶対勝てない！

武力では勝てないことがわかったので、こうなったらもう意地を張るしかありません。

武勇伝みたいなのが始まったら金を置いて帰ろうと思いました。ですがユキヤが話してく

れたのは、

「キツかったですよ。バイク乗りたいっていうだけで怖い先輩たちから追っかけられたり、監禁されたり、ボコボコに殴られたり。探されるんですよ」

意外にも苦労話。

俺の弟モトキと遊んでいる間にふたりでバイクに乗るようになって、仲間ができて、暴走族をやろうと思ったら先輩たちから圧力をかけられ、拉致、リンチ。

それでも諦めず走ろうと思ったら探され、捕まり、車の中に閉じ込められ、包丁で脅される。少しの失敗ごとで因縁をつけられ、市内中を探しまわられ、家の前で待ち伏せされ、大勢から殴られる。

「モトキをどう思って遊んでたの？」

「もうガキの頃からずっと一緒にいるんでね、暴れて、喧嘩もしましたけど、ツレ超えて家族ですよ」

それを言い終わる時のユキヤの目はサメのように怖い目でした。

「モトキの兄であるあんたの存在は立てるけど、あの時の俺とモトキの関係にもし文句があるんなら、それは許さねぇからな」

その目にそう言われた気がしました。

違う、こいつはただの弟の友達で、憎むべきは上からの圧力。探されるって何だよ。探してるやつだって昔暴走族だったんだろ？　失敗ごとだってあるんだろ？　自分より年下のやつが走ったら気に入らないのかよ。自分以外が失敗した時は許せないのかよ。バカみてぇ、弱者や悪者探していい気になって、大石淳也のリンチの話と同じじゃねぇか、嫌いなやつを見つけて、探して、追っかけまわして、捕まえて、大勢でリンチ。

ネットで炎上させてるやつも、会社や学校でのイジメも、世の中にあるバカみてぇなリンチ、全部が同じじゃねぇか。

ふざけんな。

俺の弟や友達をナメ腐りやがって。全員殺す。全員カタワにしてやる。

テーマは「くたばれリンチ」

『NIGHT SAFARI』の尺は60分。テーマは、くたばれリンチ、ファックオフリンチ。

実はこの後に撮る『孤高の遠吠』の内容も、このユキヤとの会話の後にほとんど出来上がっていました。でも、『孤高の遠吠』の物語の規模の大きさ、登場人物の多さから、ユキヤをはじめとする不良達との関係性がちゃんと出来上がった上で初めて実現可能になる映画だろうなと思い、まず『NIGHT SAFARI』を撮りきることにしたのです。

尺は60分というのにもこだわりがありました。『園子温映画全研究1985－2012』という本で松江哲明監督が「30分とか40分であればワンアイディアの勢いでももつ。60分間になると、飽きさせない工夫が必要になってくる。それがちゃんと出来る監督かどうかが重要」と言っていたことがずっと頭の中にあり、長尺の映画を撮るという技術的な面でも、『Super Tandem』の40分が当時の最長だったので、「まずは60分飽きさせない映画を撮る」という力試しが必要でした。

居酒屋でユキヤとちゃんと話したことで、ユキヤにやってもらいたい役のイメージが湧きました。同世代の不良達のボスではあるが、先輩グループには逆らわない。先輩が出してきた指令に従って行動する。それがリンチであっても。

ユキヤが演じる役を中心に、物語を考えました。ユキヤの元に友達からの電話がくる。ユキヤはダラダラしていたにも関わらず「今忙しいから遊べない」と誘いを断る（いますよね、暇なのに忙しいって言う人）が、その直後、先輩から電話がくる。友達の時とは打って変わって、ユキヤは先輩に対して丁寧に接する。

「〇〇ってやつがレイプしたらしいからシメてこい」

おそらく先輩からこんなことを言われたユキヤは、「わかりました」のふたつ返事。これは当時、本当に富士宮市内に出回っていた話で、「〇〇ってやつが女の子監禁してレイプしたらしい」というもの。調べたところ真相は真っ赤なウソで、噂に振り回された不良達が手当たりしだいにリンチ。噂で流れていた名前と一文字違いというだけで襲われた少年もいたようです。

先輩からリンチの指令を受けたユキヤは、先輩への忠誠心と正義心に燃え、友人ふたりにレイプ疑惑の少年の拉致を命令。命令を受けたふたりは見事な手際でサウナでくつろいでいた少年を拉致。車に乗せて山に連れて行くと、そこにはユキヤをはじめとする不良グループのメンバーが勢ぞろい。レイプ疑惑の少年は拷問やリンチを受ける。

先輩からの任務、成敗に成功した不良達は大喜びで打ち上げ。一方その頃、リンチを受けた少年は不良仲間を集めて復讐を企てる。狂気の人間狩りが幕を開ける。

地元の不良は地元の人に優しい

平日のデザイン会社での仕事のサボリ度は増し、貧乏ゆすりやイライラしてくると指の皮や爪を噛む悪癖が悪化、「パーテーションをつけよう」という隔離案が社内会議で上がるほどになっていました。鎮静剤のようにＤＶＤで映画をキメることで何とか保っている状態でしたが、「作りたい」というアウトプットのモードの時に映画を観てインプットする行為は逆に強いストレスを生み、はやく土曜日にならないと俺は人を殺すぞ！ と、そういう感じでした。

「何人必要か言ってくれれば、俺のツレ集めます。でも俺たち外仕事（ドカタ）なんで、土曜の夜まで仕事なんですよ。だもんで、撮れるとしたら土曜の夜になっちゃいますね」

ユキヤから電話でそう言われました。それでしか出来ない。となったら、その中で最大のやり方を考えるのも監督の仕事のひとつですから、全く問題には思いませんでした。むしろ好都合で、「だったらこの映画、一夜の話にしちゃえばいいじゃん」と新しいアイディアが浮かびました。それなら物語にスピード感が生まれるだろうし、『NIGHT SA

FARI』というタイトルがまさにそのもの！　という感じになります。

土曜の夜。岩本山という市内の山に、ユキヤが呼んでくれた不良少年達が集結しました。岩本山というのは市内では有名な夜景スポットで、カップ麺みたいに簡単に味わえるロマンチックを求めるカップルがこぞってやってくる場所なのですが、その晩は和彫りの刺青が入った少年十数名が、目をギラつかせていました。

『Super Tandem』の時に不良達に沢山怒られた恐怖の記憶があるので、おそるおそる挨拶をすると
「おつかれさまです！　宜しくお願いします！」

地元の不良は地元の人に優しい！　予想に反して体育会系の元気の良い、危ない挨拶が返ってきました。

緊張するので弟を介して色々説明をすると、皆俺の考えたエピソードをゲラゲラ笑って聞いてくれるので調子が出てきて自分で説明できるようになりました。

それぞれのコワモテ顔に慣れて愛着が湧いてきたのですが、やはり皆が身体に入れた刺青の迫力には気圧され続けました。皆刺青の柄が未完成で、色の入ってない部分がほとんどでした。鈴木智彦さんの本に「本当に悪い人は刺青が完成しない。なぜなら捕まってて

完成させる暇がないから」と書いてあったのを思い出してソワソワしました。

それにしても皆、いつからそんな刺青を入れてるのかと聞いてみると、「14とか15の時からっすね。全然金が無いんで、色入れる進み遅いっすけど」

ええ！　違法じゃないの？　金が無いから色がまだ入ってないんだ。それでも格好良いからまあいいか！

早速撮り始めました。土曜の夜しか撮影が出来ない上に、皆結構予定がある、という理由もあって『NIGHT SAFARI』は順撮りではなく、中抜きで撮影しました。シーンの順番ではなく、撮れるものからバラバラに撮っていくやりかたです。

このクランクインの日に一番初めに撮ったのは、レイプ疑惑の少年を拉致した直後、山の中で拷問、リンチをするというシーンです。このシーンを初っ端に持ってきた理由としては、リンチをする不良が一堂に会する場面なので、出演してもらおうと思っている不良ほとんど全員と顔合わせ出来るし、リンチはすでに『Super Tandem』でやったことなので自信があるし、暴力的なシーンなので出演者をその気にさせやすいと思ったからです。

いざ回してみると、レイプ疑惑の少年（役名・スケちゃん）を本当に殴ったり、蹴ったり、礼儀正しくて大人しそうだと思った皆が、急に凶暴になって、容赦の無いやり方をするので、途中で止めました。本当に恐ろしかったです。

「このままだと、いじめ動画をネットにアップして、笑ってるやつと同じじゃないのか」と気分が悪くなって、めげそうになりましたが、そんなの俺のカット割りが悪いんだと思い、そこからは細かくカットを割って、スケちゃんが危なくならないように、気を使って撮りました。

本物の不良が出演していると聞いて俺の映画を観る人の中には、なぜか「挑みかかってくるような」人がたまにいます。そんな人の感想で多いのが「本当に殴らせちゃえば良いのに」というやつです。テメェのことじゃないからって、テメェじゃ何もやりもしねぇくせに強気に出て、「俺だったらその覚悟あるね、そこまでするね」と言いたげな腐った根性に気分が悪くなります。そういう人達に是非オススメしたいのが、ビニールシートを床に敷いて、オムツを履いてから首を吊るというくたばり方です。後処理をする人たちにあまり迷惑が掛からないらしいので、絶対的に一度試してみてください。

初めての暴力酔い

リンチシーン撮影後、出演者のひとり、ユキヤの右腕役のノボル君の家のガレージに移動して、リンチ後の打ち上げのシーンを撮りました。ノボル君は男前の長身で、実家は解体屋さんで非常にお金持ちです。お金持ちは心に余裕があるので俺みたいなかわいそうな人には特に優しいです。

人の家のガレージを使わせてもらうには遅い時間でしたが、出演者一同の予定が合うのがこの日くらいしかなかったので、ノボル君の優しさにつけこんで、無理を言って使わせてもらいました。撮影中、出演者のひとりが、パシりで買ってくるタバコを間違えたために、木槌でブン殴られていました。急な出来事に困惑し、また気分が悪くなりました。不良の皆が平然としていたのがまた不気味で、俺は初めて暴力酔いというものを経験しました。

後に出演者のひとりである弟モトキにこの時の話を聞いたところ、俺は急に大声で「皆で集まるのはこのシーンが最後で、あとは各自復讐されてぶっ殺されます！　一緒にがんばりましょう！」と言ったらしいです。あまり覚えてませんが、確かにその通りで、このシーンのあとは「リンチに至る前」と「リンチしたために復讐されていく」を撮っていく予定でした。

ノボル君のガレージでの打ち上げシーン後も、撮影は続きました。時間は深夜の2時になっていました。弟モトキが「今日も朝から仕事あるんだけど」と青い顔で言ってきたのですが、「俺とこいつは血縁関係があるので、多少乱暴に扱っても今後ドタキャンしたりしないだろう！」と思って聞く耳は持たず、撮影を強行しました。ノボル君は次のシーンでは出演は無かったのですが、手伝いたいと言ってくれて車両部として引き続き参加してくれました。非常に頼もしい人です。

次のシーンは、主人公ユキヤから命令を受けたモトキとタツキが、スーパー銭湯のサウナに乱入し、レイプ疑惑の少年スケちゃんを拉致するシーンです。

デザイン会社で正社員として働いてはいましたが、本当に金がなかったので、スーパー銭湯のひとり１５００円の入場料には困りました。それを正直に話すと、「露天風呂から中に入れますよ」というので、皆でそこから入りました。刺青の入った人たちは温泉や銭湯やプールから迫害されているので、なんとかして入ってやろうという志が強く、裏ルートを知っていることが多いと、この時知りました。

無事銭湯の中に入って、撮影を始めようとすると、生きているバッテリーが1個で、残りが5パーセントの状態だということに気付きました。ずっと撮影していたので無理もありません。

「ごめん。ワンカットでやろう。この1回しかできないから、絶対失敗しないでください」

とタツキ君とモトキとスケちゃんに告げると、タツキ君に「いきなり何言ってんすか？」と心配そうな顔で言われました。撮影で起きることは全ていきなりですよ。銭湯の中に入ると、普通のお客さんは2名しかいなく、内ひとりはのぼせて横たわっていました。段取りをしてから、スケちゃんに銭湯内のサウナに入っていてもらって、本番を始めました。

結果は途中ミスって、そのまま続けて撮り、なんとか成功。駐車場でスケちゃんを車に押し込むシーンもすぐに撮って、バッテリーもなんとか持ち、この日の撮影は終了。

気持ちの浮き沈みの激しい、怒涛の一夜でした。

県民のプライド問題

次の土曜日！　ユキヤの自宅の部屋で、物語冒頭の先輩とユキヤの電話のシーンを撮影しました。ファーストカットかつ主役の登場シーンなのでインパクトは必要だと思い、どうしようかと悩みましたが、ユキヤにソファに寝転がってもらうと、マジもんの不良がライオンみたいに横たわってる姿はどこか崇高さすら感じ、下衆さには欠けますが、狂気の一晩の幕開けとしての不穏さにはピッタリだと思いました。

今でこそ、ファーストカットは、タヌキの死骸のどアップや、おパンティのどアップなど下衆い画から始めますが、当時はキザな始まり方が好きだったのです。

モトキとタツキ君と合流し、前の週に撮った銭湯拉致のシーンの後を撮りました。ただ車で山へ向かうだけではつまらないので、その道中で後ろの車に煽られ、運転していた短気なモトキが急停車、相手の運転手に跳び蹴りを喰らわせ、のした後パンツ一丁の正座で反省させるというシーンにしました。煽られてキレる、『ロスト・ハイウェイ』の真似をしたかったというのもありますが、富士宮で車（特に軽自動車）を走らせていると高確率で煽られます。

当時俺は静岡に帰った時は母の軽自動車を借りて撮影機材車としていたので、散々煽られてきたことへの私怨からくるシーンでもありました。煽ったことでモトキに跳び蹴りを喰らわせられる運転手役は、俺が自分でやりました。誰もやりたがらない役は監督が自分でやるしかないのです。その1週間前に買った時計を外すのを忘れていたせいでメチャクチャに破壊されたのですが「これは本気で蹴ってくれたというバロメーターになる！　ちゃんと迫力がある画が撮れてよかった」と思いました。

このシーンの後にタツキ君とモトキの車内の会話で、「山梨の百姓が！」というセリフがあるのですが、山梨県と富士宮は富士山の領土問題があるし、富士宮で働いた時に「なんかこいつ意地悪だなぁ」と思うと、山梨県出身だったりします。これは俺だけではなく富士宮に住んでいる人間のほとんどが思っていることなのですが、山梨県の人は少しのことで調子に乗り、プライドが高いやつが多いです。

富士宮の人が山梨県の人の性格を説明するときによく言う例え話なのですが、山梨県で自営業をしている山梨県民がいるとして、その店にふたりほど外人の客が来たりすると、山梨県民は「うちの店はグローバル。海外から注目されている！　山梨県から世界へ発信する！」などと本気で言い始めたりします。こんな人たちが富士山を自分たちの領土だと言っているのですから、陰気で陰険な性格をした富士宮の人と本気の喧嘩ごとになるのは当たり前です。だから映画のセリフも、山梨県民をバカにするようにしました。

編集したら即アップ

撮影が終わり、休日が明けた週の平日、それまで撮れた分を編集して、『特報 NIGHT SAFARI』としてYouTubeにアップし、参加している不良たちとのグループLINEに動画リンクを送りました。

不良たちは喜んでくれて、「その日は撮影無理っす」と言っていた日を空けてくれたりしました。

こういうことが起きたり、チームの結束が高まったりするので、撮れた分をすぐに編集して特報を作るのは重要だと思います。「俺たちが作ってるのはこれだ！」というひとつの指標ができます。この特報は、今でもYouTubeで観ることができます。

この時は『NIGHT SAFARI』というタイトルのロゴマークもデザインして不良たちと

共有しました。皆、暴走族仲間だったと聞いていたので、暴走族なんてまさにチーム名やマークやアイコンを共有して結束するのが大好きな人たちだろうし、旗になり得るものが必要だと思ったからです。もちろんこういうものを作るのは平日の仕事中で、人の目を盗んではFinal Cut Pro Xを開いて編集作業をして、サボり度はさらに悪化していました。

「撮影にかわいい女の子を呼べるか」

レイプ疑惑をかけられリンチ被害を受けたスケちゃんは、親友のケンシロウに復讐を依頼。スケちゃんのことが好きなケンシロウは、快く引き受け、他の不良仲間の手を借りながら、愛するスケちゃんを殴った不良をひとりずつ消していく。

ケンシロウ君は弟モトキの紹介で出会いました。優しい雰囲気もありながら、パワーを感じさせる顔のインパクトが強すぎて、主人公ユキヤと相対する姿が脳裏によぎったので、敵役をお願いしました。

ケンシロウ君のインパクトが強いので、敵チームの配役はその迫力に引っ張られる形にしないとダメだと思いました。そこで、『Super Tandem』の大石淳也に敵役のひとりをお願いしました。まずはノボルくんvs大石淳也を撮ります。女の子ふたりとカラオケを満喫していたオオイシを、ユキヤから命令を受けたノボルが襲撃、置いてあったビール瓶でオオイシの頭をかち割る。

まず、自主映画でひとつ肝心なのが「かわいい女の子を呼べるか」ということがあります。俺が撮る映画は男臭いのでぼーっとしてると女の子という生物がこの世に存在していることと自体忘れてしまいそうになります。それだと「呼べる人だけが出た」感じが滲んでしまい、物語に広がりが生まれないおそれがあるので、高校の時の後輩のかわいい女の子に出てもらいました。

撮影場所はカラオケチャイナというコンテナ型のカラオケで「東京で暮らしてわかったけど、コンテナ型って見ないよなぁ」という理由で選びました。もうあまり見ない景色を撮ることは映画にとって大切だと思うからです。ノボルがオオイシに叩きつける撮影用のダミーのビール瓶は平日の間にネットで探して買っておいたものを使いました。

「映画用　ぶっ叩く　ガラス」とかで検索するとすぐにヒットします。そこで飴ガラスというものを初めて知り「飴で出来てんのかヨォ〜」と驚きました。しかもそれが普通にネットで買えることも。ビール瓶タイプのもので1本1万円しましたが、給料日直後だった

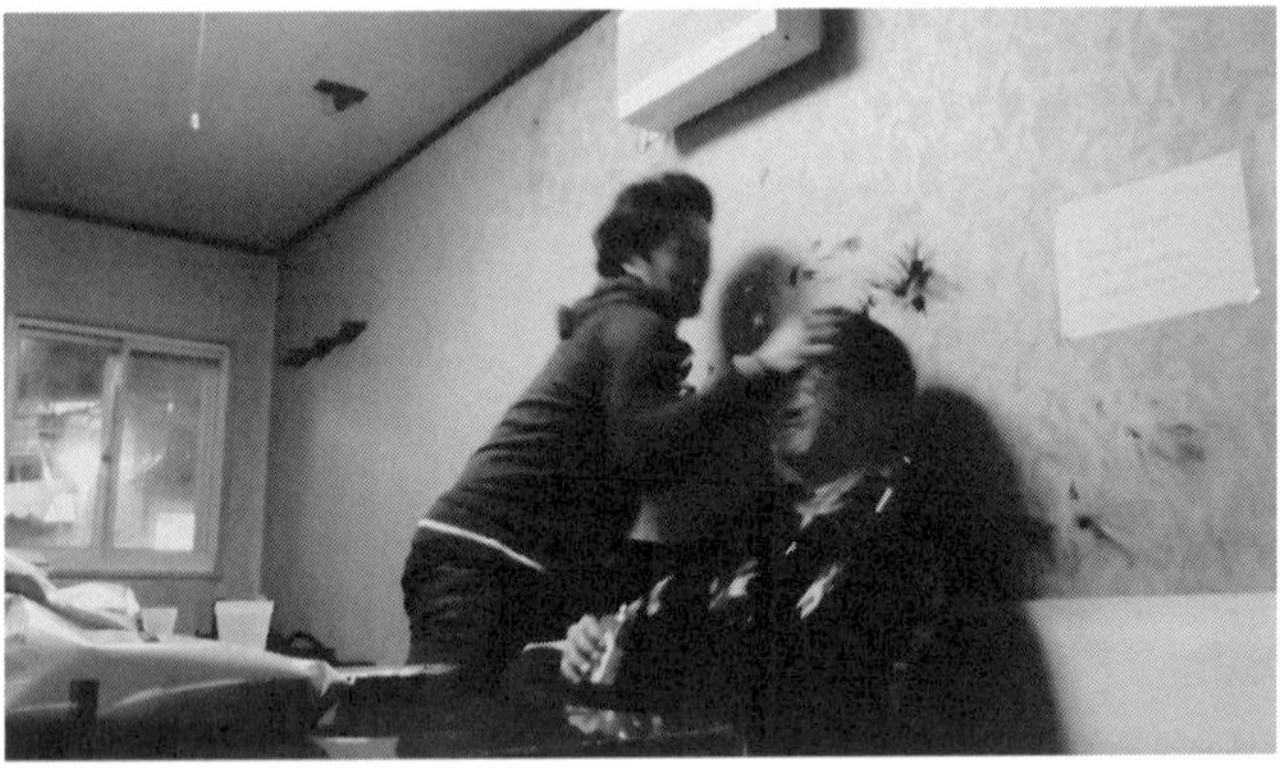

NIGHT SAFARI

ので、強気になって1本カートに入れました。

当日、瓶でぶっ叩く時は中に血糊を入れました。割れた時に血が飛び散ったように見せるためです。瓶の細いとこを持って振り回すと、素材が飴なので振ってる最中に折れてしまう危険性がありました。なので瓶の中心を掴んだまま頭に叩きつけるというやり方にしました。これなら1本1万円もする飴ガラスは途中で割れないので、あとは叩きつけられる大石淳也が痛みを我慢すれば済むだけの話です。

ノボル君は容赦なく大石淳也の頭に飴ガラスを叩きつけました。事件です。なんて酷い男なんだと思いました。大石淳也が痛がるので、「粘土をつけるからじっとしてろ！」と押さえつけて、おでこに特殊メイク用の肌色の粘土を貼り付けました。粘土化した大石淳也のおでこに、床散乱したガラスの破片を拾って突き刺しました。怖がって逃げるので「ガラスを突き刺させろ！」とお願いしてブスブス刺していき、そこに血糊をまぶして、瀕死のオオイシが完成しました。

ノボル君や手伝いに来てくれたモトキは大喜びで、暴力シーンによってより映画の結束が強まった感じに俺は満足していました。が、その時、せっかくその気になっていたノボル君に向かって、大石淳也が、

「ねえねえ！　なんでこんなことやってんだろうって思わない？」と言い出しました。なんてやつだ！　せっかく映画の楽しさを感じてくれている時なのに！　俺はムカついていました。

撮影妨害

次のシーン。リンチ後の打ち上げが終わって、公園でぼーっとしているシュウ、タイキ、モトキの3人の元に、リンチ被害者スケちゃんの相棒ケンシロウと、頭に包帯を巻いた男オオイシが現れ、乱闘が始まる。

『教祖誕生』のラストでビートたけしが演説しているシーンに使われたことで有名な、浅間大社という神社とその敷地を戦いの地に選びました。大石淳也演じるオオイシ、顔面に包帯を巻いての再登場シーンを撮ろうと、浅間大社本殿の前で撮影していると、本殿前の電灯がブチ！　と消えました。

真っ暗な中、照明がなくては撮影ができないので、仕方なく電灯がついている場所まで移動して撮り直していると、いいところでまたブチ！　と電灯が消えました。

「神社のやつが消してるんだ！」と気づきました。監視カメラか何かで見てるか知りませんが、カメラは小さいので、撮影なんてわかるわけがありません。普通にたむろしているように見えたことでしょう。

「浅間大社は富士山との関連文化遺産！　パワースポット！」などと知恵の浅いことをほざいて観光客の毛唐には「オカマ掘って♥」と尻尾を振る癖に、地元の若者が集まっている姿を見つけたら、蚊トンボを追い払うかのごとく電気を消すという嫌味根性。毛唐に願うことがあるとすればこのクソ田舎に原爆を落としてもらうことくらいだろう。

なんとか照明のある場所に移動して強引につなぐことでオオイシが暴れるシーンは撮り切りましたが、撮っている最中度々「こんなことしててなんになるの？　意味なくね？」と映画撮影を否定する大石淳也と、さらに不穏な関係になりました。

商店街でのケンシロウ対モトキの喧嘩を撮っている最中、また電灯が消えました。神社のひとつふたつの電灯が消えるのとはワケが違って、今度は商店街の一区画が丸ごと消灯したのです。富士宮の商店街は3列あるので、1列ずれて続きを撮っていると、その区画も全消灯。

最後の1列に移動して撮り切ると、汚れたTシャツとねずみ色のスウェットズボンを履いた、小太りのおっさんが、ぼーっとした目でこちらを見ていました。こいつが消灯犯か？　ねちっこい。俺はそういう人間に本当にイライラするので「なんだこのジジイ」といって近づこうとすると、ケンシロウ君に「行きましょう」と優しく言われ、落ち着きました。

その後、ふてくされた大石淳也と飲みに行って、そこで映画が無駄かどうかで大喧嘩になり「撮影には行かない！」「お前が来なくたって完成させる！」とケンカ別れしました。この日から3年後、3作先の『逆徒』まで、俺と大石淳也は絶交することになります。

「殺っちゃおう！　殺っちゃおう！」

デザインの仕事は好きでしたが、クライアントは全員くたばれと思っていました。印刷所への下版日だと言っているのに、ちまちまと深夜帯まで電話かけてきて「そんなん誰も気にしてねぇから。パラノイアですか？」というような細っかしい修正を何度も何度も出してきます。今日はいろいろスムーズだから早く帰れそうだと思っていたのに、しつこい修正指示のせいで終電になったり。深夜帯まで修正させられて上がったデザインなんて、どこかミスがあるに決まってます。後日ミスを指摘されて社内が大慌てになっていても、「ああ、だからどうした？　気に入ったなら、額縁に入れて飾ってくれよ」としか思いませんでした。初校提出日、修正、下版とあって、修正の期間に怠けて言わなかったことを、最後の最後で「やっぱりああして！」なんて言ってきても、そがな昔のこと誰が知るかい！です。

土曜の夜だぜ、騒ごうぜ！『爆裂都市』のセリフですが、まさにそんな気分でした。新たな敵役に『Super Tandem』で敵のボス、クジョーを演じてくれた石川ボンに参戦してもらいました。

リンチの打ち上げ後、ランニングなどのトレーニングをしていたカツキの元に、ケンシロウとスケちゃんが復讐のために現れる。カツキとケンシロウが殴り合っていると、スケちゃんの新たな助っ人、ナンジョウ＝石川ボンがバールを持って登場。

「（バール）持ってきたからさぁ、殺っちゃおう！　殺っちゃおう！」

市民体育館で殴り合う直前まで撮った後、人気のないとこを探して皆で市内を散策。創価学会とケンカ別れしたことで有名な大石寺の地下道への階段が長くて面白いので、そこでケンカを撮影していると、「すみません～なにしているの～？」と大石寺の信者が止めに入ってきました。

大石寺の付近に民家はないのに。深夜にもかかわらず、すかさず駆けつけるとは、信心深い。他にすることないのか？　なんで宗教にハマってる人間は皆タヌキみたいな目をしてるんだろうと思っていると、「すぐに立ち去ってね〜」と言って消えていったので、1時間くらいは大丈夫だろうと思い続行。たっぷり2時間ほど撮影してから、移動しました。

残りの戦闘は市役所で撮影しました。『NIGHT SAFARI』で急に戦ってる場所が変わったりする理由は、こう言った「宗教の信者に追い出された」だとか「根暗のジジイに1区画まるごと電気を消された」とかの事件が起きたせいです。

この日の撮影の続きを市役所で撮ったのは、「市が産んだキチガイのせいで撮影が滞ったんだから、市が責任を取れ」という意味です。どうなるかなと思いましたが、駐輪場の屋根に乗って俯瞰の画が撮れたり、非常に楽しかったです。総合格闘技を習っている石川ボンの多彩な足技や関節技を撮るのも良い経験になりました。

カツキはナンジョウに首をしめられてションベン漏らして負けてしまうのですが、それをカツキ君に説明すると「うぉお、こえーやられかた！」と楽しんでくれたので、安心しました。

自分の見てきた修羅場を演出

強い不良は心に余裕があります。満員電車の乗り降りの時だけ戦国時代の大将軍のような強気になって自分より体躯の小さい人にわざとぶつかってストレス解消しているおっさんよりかは、ずっと優良です。

次の土曜日。全員が集まるシーンはひとつかふたつで、あとはひとりずつやられていくという脚本にして本当に良かったと思いました。なぜなら毎週必ず、誰かのシーンは撮れるからです。止まってしまうことが一番怖いので、止まらずに撮れる話を考えるのも重要な手段のひとつでした。

この日のシーンはリンチ打ち上げの後、バイクに乗って帰宅したタツキが自分の母親と大喧嘩。セリフのやり取りが主なシーンですが、思い入れは深い場面です。

なぜならこれはバイクに乗り始めたときの俺の弟と俺の母親が毎日のようにしていた口喧嘩の再現だったからです。弟の改造バイクのせいで母親は近所の住民からのクレームを一手に背負い、夜になって爆音で弟が帰宅すると、母親が発狂してそこから大喧嘩。クレームに「夜中の親子喧嘩はやめてください」が追加される悪循環。

俺にとってそれは最高のイベントで、「近所のやつら、うるさいとわかっているなら耳栓をつけるなり自分で対策をしろ！　俺が変わるのを待つな！」という弟の理不尽ワードの数々や「お前はバイクはうるさいし、お母さんがあげた誕生日プレゼントをリサイクルショップに売っただろ！」といった母の支離滅裂な説教に毎晩腹を抱えて笑い転げていました。

自立して皆別々に暮らすようになり、弟は男として成長し、母は親として成長してしまったため、そういう喧嘩が見られなくなってしまったことが、俺にとっては非常に口惜しく、もう一度見たい！　と願いを込めて入れたシーンでした。タツキ君はそれに巻き込まれた形ですが、演技が達者で、俺の母のマジなのか演技なのかわからないブチギレモードにちゃんと追いついて、息子と母の舌戦をやりきってくれました。このシーンは本当に大満足で、家に帰ってこの場面から一番に編集をしました。何度も笑い転げて椅子から転落し、やっとの思いで繋げました。

ダンボール調達の苦難

母親と喧嘩して家を出たタツキは、何者かに追いかけられ、パチンコ屋の立体駐車場に逃げ込む。もう追ってこないと思っていると、どこからか轟音。下の階から大きな車が突進してきて、人間対大型車のチェイスがはじまる。

これは「パチ屋の立体駐車場ってなんかカッコイイよな」という話を笠井としていたために生まれたシーンです。チェイスシーンはお手の物だったので途中までテキパキ撮りましたが、途中で「これ、ダンボール積み上げて、このデケェ車で吹き飛ばしてるとこハイスピードで撮ったら絶対かっこいいよね」と思い浮かんでしまい、二手に別れてスーパーめぐりをして、ダンボール収集を始めました。深夜の2時にです。

皆ヘトヘトになりながらダンボールを集めてくれました。ジャスコ系列の24時間営業のスーパーに駆け込んでダンボールを持ち運ぼうとすると、店員が駆け寄ってきて、

「うちはダンボール不足だからあげられないよ」

「不足ってなんだよ。もう使わねぇだろ」

「他のお客様が使うんですよ」

「はあ？　深夜の2時に他の客もクソもねぇだろ」

「もう帰ってください。」

「二度と来ねぇよ」

　他のお客様が困るだとか、他の人の迷惑だとか、いもしない存在に怯えて縮こまることがこの世の何もかもを悪くしてると思っているので、そういう注意は一切聞きません。一旦離れて、すぐさま戻って、ダンボールを満載した大型カートごとかっぱらい、ダンボール全てを車に積み込み、カートだけ残してトンズラしました。

　皆の努力の甲斐あってダンボールの壁がパチ屋の立体駐車場内に完成しました。

　撮影車両はダンボール前で待機、タツキ君には横からくぐり抜けてもらい、後ろから追いかける車がダンボールを破壊して突き進む様子を、撮影用車両の荷台に乗った俺が追いかけられる視点から撮影。そうするつもりが、撮影用車両が急発進した衝撃で、俺は荷台から落下してしまいました。大型車両を運転していたケンシロウ君が素早くブレーキを踏んでくれたおかげで、ガキにいじめられたカエルみたいに潰れずにすみました。「もう落下したくないなぁ」と思って荷台を見ると、実は荷台にも、用途不明のシートベルトが両側についていることに気がつきました、それを引っ張ってクロスする状態で自分に引っ掛けて、安全帯にしました。この状態で撮影してみると、シートベルトなので強い引っ張りはガッチリ固定してくれるし、ゆるい動きには丁度良い固定感で動いてくれるので、スタビライザーのような役割を果たしてくれました。ゲリラ用シートベルト発見の瞬間です。

最後の決闘

無事チェイスを撮り切り、ユキヤとケンシロウという、主役と敵とが相対する場面まで来ました。いよいよラストスパートです！　最後の戦いもこの立体駐車場で撮ることを決め、その日は解散しました。

「あのう、先週うちの駐車場で、妙なことされてた人たちですよねぇ？　迷惑なんですよぉ、二度と来ないでもらえますかぁ？」

最終決戦を撮ろうとパチ屋の立体駐車場に集合すると、すぐさま妙にニコニコしたふたり組に追い出されました。「どうしよう」と頭を抱えると、ユキヤが、

「富士宮駅でやりませんか？　あそこなら電気も多いし、街中って感じだし、迫力あるん

じゃないですか？」

名案です！　早速駅に移動しました。

「ああ、すんません。駅の横に交番ありましたね。忘れてました」

そうだった！　駅の真横に交番があるので、これから殴り合って大騒ぎして大丈夫かな？となりましたが、止まってる時間はもうないので、撮り始めました。

案外どんな大声を出して、殴り合って暴れても、交番の中にお巡りさんはいるのに、気にも留めない様子でした。そんな光景は日常茶飯事だからでしょうか。立体駐車場から追い出された時はどうなるかと思いましたが、頂上対決も無事に撮り終わることができました。

次は最終決戦です。『NIGHT SAFARI』のラストは、主人公ユキヤと敵ケンシロウの戦いの後に、自分の不良息子に腹を立てた母親が、勝ち残ったユキヤとタツキをボコボコに殴って立ち去るという、不良のバトルロイヤル戦の勝者が母親というオチなのです。俺の母親は、また自分の出番が来たことにウキウキして、やたらエキサイトして、本気でユキヤを突き飛ばしていました。下は尖ったタイプの砂利だったので、ユキヤは非常に痛そうで「おばちゃん、マジになりすぎだよ」とタジタジの様子でした。

不良同士の最終決戦も、不良と母親のオチも撮れたことで、完成間近になりました。『NIGHT SAFARI』最後のシーンは全ての戦いが終わった数ヶ月後、怪我から回復した皆で飯を食っていたユキヤの元に、また先輩から電話がかかってくる。出ると今度は「財布を盗まれたから犯人見つけてリンチしてこい」。呆れたユキヤは先輩の命令を断り、仲間を選んで電話を切る。冒頭とは真逆。心配する仲間へなのか、これから報復をしてくる先輩へなのか、ユキヤは中指をおっ立てる。

登場人物自体は自分の成長を自覚していないのに、成長物語。反逆の狼煙と報復の予兆の両方、バットエンドとグッドエンド。一番やってみたかった終わり方。

ユキヤ君、逮捕

グループLINEに最後の撮影日の予定を送ると、弟モトキから電話が掛かってきました。

「お兄ちゃん！　ユキヤが成人式で日本刀振り回して捕まったよ！」

「えー!?」

２０１３年10月末から始まった隔週土曜日の映画撮影は、気づけば年をまたいでいました。成人式当日、袴を着たユキヤは日本刀の模造刀を腰から下げて家の前で記念撮影していると、自分の親父さんに「なんだそれは？」と声をかけられる。「袴には日本刀だろ？」とユキヤが理詰めで返すと「確かにな、かっけぇ。行ってこいや」と息子の背中を後押し。そのまま成人式の会場である市役所まで乗り込み、平和であった市役所が一瞬にして駿府城御前試合と化す。

「チェストとは知恵捨てと心得たり！」

と叫んで友達数名を斬り倒したところで駆け込んできた警官に押さえつけられる。

「俺が何したって言うんだ！」

「銃刀法違反だ！」

と禅問答を繰り返しながらパトカーに押し込められ、留置所へ。GOOD-BYE。

ノボル君はゲラゲラ笑って、

「大丈夫っすよー。映画のタイトルをナイトサムライに変えればいいんです！　ぎゃっはっは！」

名案！　ばか！　切腹！　主演がいなければラストシーンは撮れません。途方に暮れて

いるとタツキ君が
「10日勾留と20日勾留とあるらしいです。10日で済むんじゃないか？って話ですよ」
それなら撮影を1週間延ばせば良いだけなので安心です。シコって寝るかとDMMを開くとタツキ君から電話が来て、
「20日勾留でしたー！」
ほげげー！　どうしよう。ラストを変えるしかないのか、と悩んでいると、弟モトキが
「ユキヤとお兄ちゃんで始めた映画なんだから、ふたりが締めなきゃ格好つかねぇだろ。待とうぜ。20日ぐらいすぐだろ」

全員にDVDを発送する

ラストシーン撮影日、市内のマクドナルドでゲリラ撮影。打ち上げというには侘しすぎましたが、皆の分を買って色々話してから、店員に気づかれない速さでササっと撮影しました。

「終わってみるとスグっすね」

NIGHT SAFARI

「ばか、4ヶ月かかっただろ。なげぇよ。お兄ちゃん、これからどうすんの？」

「ネットにアップして皆に観てもらうのと、あとは、こういう自主で撮った映画を競う映画祭っつーのがあること、最近知ったんだよ！　すごくない？　応募しようと思うんだよね」

「それはなんか、俺でも知ってましたよ……」

『NIGHT SAFARI』撮影期間中、新宿ロフトプラスワンで行われた学生残酷映画祭に俺は観客として参加していました。自主映画祭というものを初めて知って、一度観てみたかったのもありますが、何よりゲスト審査員の高橋ヨシキさんや西村喜廣監督という憧れの人のトークを聞きたかったのです。そのときグランプリを獲った作品は、浦崎恭平監督の『温かい食卓』で、河原で大勢の人間が死んでいるのをインパクトのある引き画でみせることで、本当は十数名くらいしか死んでないのに、百人以上死んでいるように感じさせるという、素晴らしい映画でした。

「この監督、俺より年下なのかよ」

「俺の『NIGHT SAFARI』が完成したら、こんな奴に負けないのにな」

すごく悔しかったです。そんな状態でロフトプラスワンのトイレに行くと、浦崎恭平監督が目の前でションベンをしていました。浦崎のヤロウは友達と思われる人と談笑していました。

「俺、あの審査員の西村さんと、今度仕事するんだよ」

えぇ！　こんなガキがあの西村監督と一緒に仕事？　ますます悔しく、なんだか惨めな気持ちになりました。こうなったらもう、映画を撮りまくって手当たり次第映画祭を荒らしてやる。そう心に誓いました。

もはや定番のFC2動画にアップすると、『Super Tandem』を超える反響で1日で1万回以上再生され、観た人からは絶賛されました。

「母強し」のオチも非常に受けがよく、「この先、暴力、やりすぎちゃったかな。とか思うことがあったら、母強しに逃げれば全部チャラになりそうだな」と学習しました。

参加してくれた不良達にDVDを配るために『NIGHT SAFARI』のパッケージとレーベルをデザインしました。家電量販店で普通に手に入るパッケージ用の用紙があって、パッケージっぽい光沢紙な上に、折り目が最初から付いているので便利です。ただ、イラレの編集画面（アートボード）と、用紙の折り目とで少し上下にズレがあるので、何枚か犠牲にしながらグラフィックの位置を調整した方がいいです。位置を調整したデータはそこに位置のガイドを打っておけば、次作のパッケージを印刷するとき、そのままその場所に差し替えるだけで一発でピッタリいくので、ベースとして別名保存しておくべきです。こうやって、何か変更して保存するときは、ちゃんと別名保存にするべきです。

皆自分でも配るために10枚欲しいというので、主演者×10枚＝100枚を超えるDVDを富士宮まで持っていき、車で出演者のいるところを配り回りました。最後、撮影途中でケンカ別れした大石淳也の家にも寄って、ポストにダンクして帰りました。

ぴあフィルムフェスティバルから電話

『NIGHT SAFARI』も一段落して、次の映画『孤高の遠吠』の脚本を、仕事中に書いていました。『NIGHT SAFARI』の時にユキヤから聞いた話をベースにした叩き台はもう出来ていたので、後何人かに話を聞いて肉付けしたら一気に書けるな、という感じでした。デザインの仕事も進めつつ、脚本を書くというのにも慣れ、やりたいイメージや、不良の子に質問したいことなど書き出していると俺の携帯電話に着信がありました。

「ぴあフィルムフェスティバルのものです。小林勇貴監督でしょうか？『Super Tand

em』の入選のお知らせです。審査員から物凄い人気です。でも、カーチェイスの時に流れる、きゃりぱみゅのにんじゃりばんばんって許可もらってないですよね？」

「許可ってなんですか？」

「困りましたねぇ！　きゃりぱみゅの事務所とか、ＪＡＳＲＡＣとか、そういうとこに連絡して許可申請してもらわないと」

「え！　面倒だなぁ。それはそっちではやってくれないんですか？」

「監督ご本人がやっていただかないと……」

今まで何に対しても世間から認められたり褒められたことが無かった俺は、かなり大きい映画祭に入選したということが非常に自信になりました。

「俺が作った映画が物凄い人気？」

映画が一番面白い！　と思う俺が、面白いと思うことを撮った映画を、本当に面白がる人がいるなら、俺は映画監督になりたい。その時、初めてそう思いました。

それからは地獄の日々でした。『Super Tandem』で無断使用している楽曲はきゃりぱみゅの曲だけではなかったので、それら7曲について、ＪＡＳＲＡＣに電話しました。

BGMの使用許諾

JASRACに全委託の曲とそうでない曲とがあって、全委託でない場合は、別途その曲の権利を持っている事務所に連絡をしなければならず、場合によってはお金を請求されます。JASRACに委託されている音楽の方は、JASRACのサイトから「劇場用映画の製作、上映」⇩「キューシートと映画（録音・上映）利用申込書」のPDFをダウンロードして記入します。

記入方法についてはJASRACのサイトに細かい説明がありますが、ざっと言えば「僕はバカなので、◯◯様の◯◯という曲を◯分も使ってしまいました。いっそ殺してください」という懺悔を泣きながら書く感じです。使用料は、1分間までが1万円で、1分を超えると5万円になります。公開日前日までに全ての楽曲の権利をどうにかして、前述の書類をJASRACに送り、請求日から30日以内に使用料をJASRACに振り込んで終わりです。『Super Tandem』で使用した楽曲は権利がバラバラで、曲によっては権利を持ってる会社に連絡した後、作曲者にも連絡して確認を待って、ヒヤヒヤしながら数週間過ごすという感じだったり、ＪＡＳＲＡＣに「ここの会社が権利を持ってると思います」と紹介されたところに連絡しても「はぁ、なんのことですか？」と言われたりして、そもそもどこが権利を持っているかから、自分で調べて見つけなくてはならず、俺はこの時いろんな会社にたらい回しにされ、結果的に10万円を請求されたので、諦めて他の楽曲に差し替えました。

逆に、快く無料で使わせてくれる人もいて『回復する傷』の小林武史さんは自主映画の期間は無料で良いと連絡をくれました。後進を育てる気概のある、太いお方ですねぇ。

肝心のきゃりーぱみゅぱみゅの『にんじゃりばんばん』はというと、ワーナーミュージックの連絡フォームから「俺映画でにんじゃりばんばん使っちゃって！　上映していいっすかね！　お願いします！」と送ると、翌日の早朝電話が掛かってきて

「ワーナーミュージックだけどねぇ！　あんたのせいでね！　朝から会議やってんだよこっちは！　いいか？　きゃりーはねぇ、うちの中でも、一番デリケートなんだよおおお！」

『にんじゃりばんばん』はａｕとのタイアップ曲でもあり、さらに話はややこしくなるとのこと。

「会議までやってくれてんすねぇ。なんだか悪いなぁ。でもおれ小4からａｕ使ってるか

ら、そこは大丈夫なんじゃないっすかね」

「いいわけないだろ！　差し替えてくださいね！」

別の曲に差し替える事になってしまいました。この他にも、劇中前半で使用した黒人ラッパーDMXの曲と『L.A.大捜査線』のテーマ曲は「海外のアーティストの曲の使用料は言い値で決まるので、場合によっては100万円とか行く可能性もあります」とJASRACの人に脅かされたために断念したり、作曲者から「一律10万円です」と言われて諦めたりしました。

使えないとわかったら、別の曲を探すしかありません。ホラーっぽい音楽なら多少聴き劣りはするでしょうがフリーのもので見つかる気がしていました。問題はきゃりぱみゅとDMXの歌モノ、代替のきかない『L.A.大捜査線』のテーマです。自主映画といっても完全に独学だし、ずっとひとりで撮っていたので映画や映画音楽に詳しい、もしくは作れる身内はひとりもいません。

音楽をやっていると噂のある知人をたどって探して、映画の曲を作れそうな人をなんとか見つけました。ぴあへの上映素材の納品は、その時の1ヶ月半後とかだったので、それまで作曲してもらわなければなりませんでした。「もう、思ってる雰囲気に近づけていく、とかそういうことは諦めないとならないな」と思いました。

権利関係や、新たに曲を作る打ち合わせ、こういったやり取りをするために、俺の携帯は一日中なりっぱなしのかけっぱなしで、最初のうちは平日のデザイン会社の仕事に行けていたのですが、途中から上司が事情を察して遅刻を見逃してくれたり、最終的には1ヶ月ほど休みをもらって、やり取りに専念しました。

「ぴあはデカい映画祭だし、俺みたいなバイオレンス映画撮るヤツが案外ぴあに入選したことがあったら、それは描ける範囲が一辺倒じゃない証明になって、強みになるだろう。だから、今後映画監督になりたいんなら、絶対上映してもらわないと。でも、ここまでやって、曲も変わってボロボロになって、上映する意味って……俺、大丈夫なのか?」と思いました。

今考えると、客に観てもらうということに関していえば、客の感想なんてたかが知れているので、上映自体には特段意味はなかったと感じますが、この権利関係のごちゃごちゃしたことを一回経験したことは非常に大切だと思っています。あとやっぱり、俺みたいなヤツでもぴあに入選していると「ぴあにも入ってるんだもんねぇ」と強みのひとつとして感心してくれる人がいるので、この時思ったことは間違いじゃなかったと感じています。

あと、この時点では、上映素材はDVDだと思っていたので、ぴあの人から「ブルーレイを用意してもらわないと困ります」と言われて困りました。仕方なくブルーレイを焼くための外付けのドライブと再生確認のためのブルーレイプレイヤーを買いました。

カナザワ映画祭でグランプリ

「カナザワ映画祭主催の小野寺です。『NIGHT SAFARI』が期待の新人監督に入選しました。よろしく」

同じ年に完成した映画が立て続けに映画祭に入選！「ぴあは大きい映画祭だけに、それ1作で終わったら1発屋だよなぁ」と思っていた矢先、また大きい映画祭から入選の知らせ。しかも別作品なので、同じ年に2作品が大きな映画祭ふたつに選ばれたことに、「これは引っ掻き回せるかもしれない！」と、また自信につながりました。

どこの映画祭もそうですが、応募用紙がウザいですね。判断するのは内容だろ？それ聞いて意味あるのか？ということを聞いてきます。フォーマットは何か？とか、何で撮影したのか？とか、フレームレートはいくつだ？とか、画角はなんだ？とか。電気屋じゃねぇんだからそんなことは知らねぇんだよ。

こっちからすれば、「撮った。観ろ」です。

ぴあに入選した『Super Tandem』の音楽権利問題のこともあって、俺は映画祭に対して相当イライラしていたので、カナザワ映画祭の応募用紙は適当に書きました。あまり覚えてませんが、自分の写真を貼るところに、当時生まれて間も無かった弟の娘の写真を貼り付けて「すごく可愛くねぇ？」とか書いて送った気がします。

ぴあフィルムフェスティバルとカナザワ映画祭期待の新人監督のラインナップが発表されました。

「おー、俺より年下も入選してる」

カナザワ映画祭は二宮健監督の『SLUM－POLIS』が気になり、ぴあの方はバイオレンス映画らしいものが、中島悠喜監督の『乱波』以外見当たらなかったので「バイオレンスにも理解を示したりして、ボクわかってますって思われたいんでぇす。みたいな人が審査員にいれば、いい感じかもしれねぇな」と思いました。

カナザワ映画祭の期間、授賞式の日と、弟モトキの結婚式の日が被ってしまいました。

幼い頃に離婚した父も呼んだそうで「すげぇ久々に家族がそろうね」とモトキは嬉しそう

だったのですが、映画祭には絶対行きたかったので、そちらを選びました。

カナザワ映画祭での上映に、笠井が来てくれました。

「上野とかいう高校生監督の、カサブタ食うだけの映画、クソつまんなかったな。主催者がバカかも知れねぇぞ、この映画祭」

相変わらずの毒舌が非常に頼もしく感じました。勝手に宿敵だと思っている二宮健監督の卒業制作映画『SLUM－POLIS』の上映が始まりました。スケールのデカい画、以外は何も無い内容。安心！　しかし観ていてムカッ腹が立ってきたので笠井と劇場を飛び出してしまいました。

「綺麗っぽい画でつないで、かっこいい画でつないで、意味なんてなくって、世の中の皆はああいうの支持しそうだよなぁ」

「第一よぉ、自主映画なのになんで卒業制作が入選すんだよ？　自主的じゃねーじゃん。学校の命令のもとに作らされたものじゃん。ルール違反で五親等先の親戚まで死刑判決上訴棄却じゃねーの？」

文句を言っている間に、『NIGHT SAFARI』の上映になりました。始まってすぐ、「え！俺の映画、すげぇ画質が悪い！　なんで!?」そう叫びそうになりました。あとからわかったのですが、おそらく原因は30pで撮影したものをFinal Cut Pro Xで編集する時に24bpsの設定で読み込んだからです。その時はそんなことは知らなかったので「バカな主催者がディスクを傷つけたとかかなぁ？」と人のせいにしていました。そんな状態なのに上映中に「うおお」や「すげぇ」と言った声が上がっていて、「ああ俺は今、でけえスクリーンで自分の映画をこんな大勢に観せてんだなぁ」と不思議な気持ちになりました。

結果発表！　観客賞『SLUM－POLIS』バカ！

期待の新人賞グランプリ『NIGHT SAFARI』

当然！　偉い！　褒めてつかわす！

観客と審査員と主催者に向けて中指を立ててから壇上に上がって挨拶をしました。オリンピックの受賞者じゃねぇんだから、フツーの挨拶なんかしたって意味わかんねぇよな。監督はエンターテイナーなんだから、映画監督になりてぇなら、エンターテインメントで飯食いてえなら、こう言う場でも客を楽しませた方が絶対に良いだろうなぁとその時思って、主演のユキヤが銃刀法違反で撮影中に捕まったエピソードなど、不良と俺のドタバタ話をすると、観客たちに大いにウケました。

俺の挨拶が終わったあたりで、急に背後から、「いいぞ、がんばれぇええ。おもしれぇぞ、がんばれぇえぇ」と地を這うような声が聞こえてきました。振り返ると、審査員、田野辺尚人さんでした。俺は『映画秘宝』はもちろん読んでいたし田野辺さんが作った本だって何冊も読んでいたので、内心興奮しましたが、「この人、体調大丈夫かな？」とも思いました。それでも地を這うような業の強そうな声で「ぴあにも入選してるんだろうぅ？　絶対に観に行くうぅう」。この人に、何かハッタリでもいいからかましておかなければと思い、「はい、次回作も、もう撮り始めてます」

大嘘を言いました。

今日は、いい日ですね

初めての映画祭でグランプリを撮った喜びで、笠井と一緒にファミレスで祝杯をあげました。「大先生って呼ばなきゃなぁ」と嫌味しか言わない笠井に、俺は次回作のアイディアを聞かれてもいないのにベラベラ喋り、ポテトを注文したり、慌ててキャンセルしたり、また喋り始めてから「ポテトが来ない！」と騒いで注文しなおしたり、

「とにかく『NIGHT SAFARI』どころじゃねぇ、壮大なスケール。マジモンの暴走族が

めっちゃ出てきて、大暴れ。不良の子からやばいエピソード集めて、それやんのよ！　わかるか！　おい！　なんだ！　ポテトなんて頼んでねぇぞ！」

笠井はぼーっと俺を見て「おまえやっぱ躁病入ってるよなぁ」。こいつに話しても意味が無い！　と思った俺はファミレスを飛び出して500メートルくらい全力で走ってからユキヤに電話をしました。

「ユキヤ、俺たちの映画が優勝したよ！　何百万も制作費かけたようなクソみてえな映画に、タダで作った俺たちの映画が殴り勝った！　ざまぁねぇよ。ざまぁねぇ！」

「あはは。おめでとうございます。こっちの、モトキの結婚式は最高でしたよ。今日は、いい日ですね」

「**悪いことしないでね**」

ぴあフィルムフェスティバル『Super Tandem』の上映には、荻田君と石川ボンが駆けつけてくれました。大石淳也とは相変わらず絶交中だったので、呼びませんでした。「映画なんて撮って意味あるの？　ないだろ？」と言ったやつですから、意味が出てきた途端にノコノコ現れようとしやがったら、コテンパンにクソバカにして、ストレスで自殺へ追い込んでやろうとすら思っていました。

『Super Tandem』の上映は、俺の設定がまた何か間違っていたらしく、音声がなぜか5・1chで再生され、劇場全体のスピーカーが稼働。あまりの音量のデカさに老人の観客が数名途中退出。大迫力に俺も荻田君も石川ボンも大満足。

舞台挨拶で「今日はこんなに爆音で上映してもらって嬉しかったです。老人が苦しんでる姿も見られたし、文句ありません」と話すと観客も笑ってくれました。ですが、挨拶が終わってお客さんも席を立ち始めた時、俺のところにキリキリした目の様子のおかしい女性がすっとんできて、

「さっき爆音っておっしゃられてましたけど、爆音っていうのはboidさんがやっている奴のことで、これはboidさんはやってないので、ちがいます。爆音って、音量がデカいことじゃないんですよ？」

「はぁ？　まず音量がデカいことを日本語で爆音っていうからboidって人は爆音って言い出したんでしょ？　別に俺、間違ってねぇじゃん。アホですか？」

上映後にキチガイ女に絡まれるなんてこりゃ吉兆、ぴあも絶対グランプリだな。と思っ

ていたのですが、現実は上手くいかず、無冠でした。

授賞式の直前、プロデューサーの荒木とかいうおばさんに「悪いことしないでね」と謎の釘を刺されました。そういうことを言われると俺はカチンときて「絶対的に、悪いこと以外したくない」とか言ってしまうのですが、ぴあの授賞式では無冠に唖然として、特に何もできませんでした。情けないことです。でも、授賞式中、予備審査員の人たちが俺の背後で「やばい！『Super Tandem』グランプリだこれ！　グランプリきた！」と小声で煽るので、惨めさが余計に凄かったのです。

授賞式後のパーティーは無冠の立場からすると惨めなもので、特に誰とも話さずにローストビーフをかきこんでいました。最終審査員にはコカインのサグいパーティーを世間から妬まれて批判される前の成宮寛貴がいたので、その時いろんな話をしておけば、その後、俺の映画に出てもらえたかもしれないな、と今でも後悔しています。なんでも突撃して、自分の映画に巻き込んでいくことを、気を抜いて忘れるのは良くないことです。ものすごく反省しています。

その時のぴあフィルムフェスティバルの予備審査員をやっていた人で何人かは今でも交流があります。映画監督の木下雄介さんは『Super Tandem』から俺の映画にベタ惚れしてくれて、新作のたびに必ず熱い感想を送ってくれます。映画監督小林でびさんは『孤高の遠吠』で劇中歌を歌ってくれました。ポレポレ東中野の小原さんは新作自主映画『逆徒』を含めた4作品を上映する企画を実現してくれました。全部、この時のぴあフィルムフェスティバルからの付き合いです。

映画祭荒らし

TAMA NEW WAVEある視点部門に『NIGHT SAFARI』が入選しました。『NIGHT SAFARI』は『Super Tandem』と違って既存の音楽を無断で使用したりしていないので、権利関係や使用料に怯える必要がない優等生です。

TAMA映画祭のことを知らなかったので調べてみると、何やら公民館みたいなところで上映されるらしく、ある視点部門も本戦とは違うお情け部門みたいな感じだし、まあ嬉しいけど過剰な期待はしないようにしようと思いました。

そんな時Twitterを見ていると、TAMA映画祭のチラシを見たurbanseaさんという人が『NIGHT SAFARI』について「富士宮で暴力映画を撮るセンスが素晴らしい」と褒めてくれていました。ツイートをたどっていくと、ヤクザ関係のコメントが多かったので、「富士宮のヤクザのことをわかってる人なんだなぁ」と思いました。するとurbanseaさんのツイートを見た人が「富士宮って暴力のイメージ無いけどな」とコメント。「なんて失礼な人だ！」と誰だか確認すると、『ヤクザと原発』『我が一家全員死刑』のヤクザライター鈴木智彦さんでした。

恐ろしい！

ですがチャンスなので「そう思うなら観に来てください！」と突っ掛かりました。すると鈴木智彦さんは

「観に行くからな」

「予告編発見。これだけじゃ判断できないな」

「楽しみ。がっかりさせてくれるなよ」

大好きな作家が、実は結構コワい人だと知った時のショックを、俺はこの時通過しました。

TAMA映画祭当日。母と婆ちゃんが富士宮から多摩市まで出張って観に来てくれました。上映前にちょっとトイレに行こうと出ると、ガタいのデカい、特攻服を着たおじさん

がコワい目をして殺気を充満させながら歩いていました。すぐさま物陰に隠れました。

「やばい！　鈴木智彦さんって絶対あの人だ！　本物だ！　本物が来た！　本物あんなにコワいんだ！」

そこからずっと、口の中がカラカラに乾いて、喉の肉がひっつき、息苦しくなり、脇と手の平から汗が漏れ出しました。誰でもいいから助けて欲しい！　ピンチの時にママ！　って叫ぶ理由が今ならわかると思いました。ですがママは自分が暴れているシーンを観てゲラゲラ笑っています。もうしらん！　どうにでもなれ！

上映が終わり、舞台挨拶をすると、目をギラギラさせた鈴木智彦さんが立ち上がって「面白かったぞ！」と拍手してくれました。緊張が一気に解け、口の中に潤いが戻り、いつもの爽やかな勇貴くんが帰ってきました。鈴木智彦さんと握手をしながら「いえ〜い！　やっぱり俺の映画面白ぇじゃん〜？」と思って興奮しました。

鈴木智彦さんにこの時のことを聞くと、

「つまんなかったら全国紙で罵倒してやろうと思ってたんだよねぇ。面白かったから良かったねぇ。あっはっは」

それってヘイトスピーチですよ！　危ないところでした。

鈴木さんとの食事

ＴＡＭＡ映画祭の打ち上げに参加しました。偉そうなおじさんから「次は本選に入れるように頑張ってくださいねぇ」と言われイライラしていると、おじさんはそれを察したのか「暴力描写における北野映画からの影響」の話をしだしました。

暴力映画をよく知らない人がそれでも何か知ってるふりをするために出しがちなワードが、「北野映画からの影響」であることは重々承知だったので「はぁ」とか「ほへぇ」といった適切な相槌を打って対応しました。あとは「夜のシーンが美しい」だとか気取ったことを言われました。それについては今でも言われます。

俺が感じるのは「夜は誰が撮っても綺麗ですよ」ということです。皆『リリィ・シュシュのすべて』をやりたがって、昼間とか夕方の畑を女子高生がほっつき歩くシーンばっかり撮るので、自主映画には夜のシーンが少ないんです。俺は夜をガッツリ撮るし、ひとりで撮っていて照明部がいなかったので、暗いところは暗いままです。だから余計にそう感じるだけだと思います。

ＴＡＭＡ映画祭が終わってからすぐ、鈴木智彦さんから連絡が来て、飯に連れて行ってもらえることになりました。凄いことだと興奮して、サインをもらおうと『我が一家全員死刑』などの鈴木さんの本をバッグに入れて持って行きました。焼き鳥屋でシャリキンの酒を飲みながら鈴木智彦さんといろんな話をしました。話してる最中、鈴木さんが「なにか食べる？」とすごく聞いてくれて、俺は「うわぁ！　鈴木さんの本に、ヤクザはたくさん食べさせてくれるって書いてあった。本と一緒だー！」と感動しました。ただのオタクです。

そこから調子に乗って、鈴木さんの本の好きなところの話をすると「やめて」と言われました。聞き間違いかと思って続けると「うそつき」と言われました。これは今でも同じです。この時「サインください」と本を出すタイミングを完全に逃したせいで、「お前は俺にサインくださいと言ったことが無い！」と今でも言われます。

平日からのトンズラ

大好きな作家が俺の映画を観て面白かったと言ってくれた。それを経験したことによって、今までよりさらに平日の仕事がキツく感じ始めました。また、『Super Tandem』の音楽権利でごちゃごちゃした時に長期的に休んでしまったため、ちょっと居心地も悪くなっていました。それでも上司や社長、会社の人たちは、俺に映像の仕事を回してくれたりしました。それもすぐに終わってしまったので、チラシのデザインをしながら、社員旅行の出し物用の動画を編集することを仕事としていました。

動画編集は楽しかったのですが、社員旅行は大嫌いだったので、どうにかしてサボろうと思いながら編集していました。あっという間に社員旅行前日になってしまい、その日は深夜までデザインの仕事をしていました。このまま不眠で、苦手な社員旅行に突入すると思うと悲しくなってきて、トイレに籠りました。この時期の俺は仕事が嫌になるとトイレに篭ることが多かったです。

「トンズラかまそう」

そう決心して、トイレを飛び出しました。会社はビルの7階だったので、まずエレベーターのボタンを押し、エレベーターが上がってくる間に自分の席に行ってバッグを回収するため、上司や他の社員に気づかれないように匍匐前進。無事バッグを回収した瞬間、エレベーターが到着した「チン」という音が聞こえたので、誰に気づかれてもいいやと思いながらバッグを抱えて全速力で駆け抜けエレベーターに突進。

1階についたらまた全力で走って、ちょうど通ったタクシーを停めて飛び乗り、家に帰って、布団にヘッドスライディング。目を閉じ、目を開けると夕方になっていました。爆睡タイムスリップに成功し、社員旅行を見事サボったのでした。

脱法ハーブと映画美学校

また鈴木智彦さんが食事に誘ってくれました。

2回目の食事の時、俺は勇気をだして鈴木さんの著書、『我が一家全員死刑』をバッグから出しました。何度も読んだせいでベロベロになって、付箋がびっしり貼られた俺の『全員死刑』を見て、鈴木さんは、ちょっと引いて、動揺した感じでした。

「いつか商業デビューできたら、いつか鈴木さんのこの本を映画にしたいです」

「うん。俺は全然構わないよ。このままいったらいつか絶対出来ると思う」

真剣に返事をしてもらえて感動し「いえ〜い！　やっぱりぃ〜?」と思いました。

社員旅行をサボった後、しれっと出勤して平日をやり過ごしました。土曜日、久々に富士宮に行き、新作『脱法ドライブ』の撮影を開始しました。

『脱法ドライブ』

あらすじ。

借金苦に悩まされる男サイジョウはコワい人から、「ある男」の襲撃を命令される。

サイジョウはまず、「ある男」の下っ端を拳銃で脅し、「ある男」の元まで連れて行くよう命令する。その下っ端は異常な正義の持ち主で、目の前でひき逃げが起きたことを見逃さず、自分がサイジョウに拳銃で脅されていることも忘れて、そっちのけでひき逃げ犯を追跡する。

ひき逃げ犯は、脱法ハーブがキマってラリった男だった。ずさんなカーチェイスが幕を開ける――

目標尺は5分で、撮影期間は1日。

ストーリーについては、この頃は脱法ハーブの交通事故が多かったので、昔の東映だったらこんなのすぐに映画に取り入れていただろうなと思って題材に選びました。

借金苦の男が主役なのは、やはり俺が金欠だったからです。俺がもし拳銃を渡されて誰かを襲撃するミッション頼まれたら、絶対的にボスにはたどり着けず、それどころか下っ端の下っ端に振り回されて、事故か何かで細々と死ぬだろうな、という恐怖もベースになっています。本題から外れて、急にカーチェイスが始まるのは、勝新太郎主演の映画『ど根性物語 銭の踊り』の冒頭の真似です。

なぜ目標完成尺が5分だったかというと、映画美学校という映画の学校に入るために、課題として必要だったからです。

課題として撮った映画なので『脱法ドライブ』は俺の考え方からすると自主映画ではありませんが、どうせ学校に繋がれるなら、どいつもこいつも黙らせるぐらいの殴りこむ映画じゃなきゃダメだと思って、全編危険な無断カーチェイス作品『脱法ドライブ』を撮ることにしたのです。脱法というタイトルには、ドラッグの名称とかけた他にも、学校に対して「技術は奪う。お前らの法には従わない」という意味も込めていました。

なぜそんなに映画美学校に入りたかったかというと、その年の初めに、内藤瑛亮監督の

脱法ドライブ

『パズル』を劇場で観て、その演出力に大変衝撃を受けたからです。山田悠介のポンコツ原作を、様々な演出法でエンターテインメントにする腕前に心をヘシ折られると同時に感動しました。ラジコン爆弾のシーンではラジコン視点のカットを入れて暴力が動き回る様を観客に追体験させ、自転車爆弾のシーンでは、手前の自転車に注意を振っておきながら、画面奥の自転車を爆発させるフェイントで、映画そのものの奥行きを表現したり、どんなポンコツ原作でも面白くさせる技術力に職人仕事の素晴らしさを見た気がしました。

すぐさま内藤瑛亮監督のことを調べると、映画美学校の卒業生であることがわかったので、映画美学校のパンフレットを取り寄せると、初めのページに黒沢清監督の写真と言葉が載っていました。

「え！　キヨシ！　先生やってるの？　そういえば、以前読んだ本が『映画美学校の教室から』というタイトルだったような」

続けてパンフレットのページをめくると、講師陣に高橋洋監督が。

「ええ！　ヒロシ！　先生やってるの？」

俺は本当に衝撃を受けました。暴力映画大好きの、バイオレンスドリーマー達のアイドルといえば、タカシ（三池崇史、石井隆）とキヨシ（黒沢清）とヒロシ（高橋洋）です。

そのアイドルグループのメンバーのうちふたりが同じ学校でセンコーかましている。世も末。そんな学校から、内藤瑛亮監督のような怪物が誕生しているのですから、本当に世も末です。いつかは商業監督になりたい俺は、できることならどんな手段でも、何でもしたいと思っていたので、夜間学校のように仕事をしながら通えそうな映画美学校は行くべき場所に感じたのです。

ですがデザインの仕事は今まで書いてきたとおり夜遅くまでなので、たとえ夜間学校であっても授業開始の夜7時には間に合いません。そんなことを心配して映画監督の夢を諦めてもバカらしいので「正社員からアルバイトに変えてもらえばいいじゃん。皆優しいからオッケーしてくれそう」と考えていました。

映画美学校の入学料は、自分の貯金だけでは足りなかったので、母と父から10数万ずつ銭をもらって即座に入金。狙い通り5分尺で完成した『脱法ドライブ』も送りつけ、あとは9月からの授業を待つだけでした。

遠回しのクビ宣告

「勇貴くんにはね、金沢支局に移ってもらいたいんだよね」

仕事中、会議や打ち合わせで使う部屋に呼び出されました。

「給料上げてもらえるのかな？」と思って行くと、金沢支局への異動の指令でした。金沢といえば一度カナザワ映画祭で行ったことのある地でしたが、駅前には何もなく、駅前に何もなければ、そこから先は当然もっと何もないはずです。

金沢の人は魚が美味いと豪語していましたが、果たして本当にそうなのかは非常に怪しいところでした。なにより天気が悪い印象がありました。普段から天気の悪い土地には狂人が多いというのが富士宮で育った俺の経験としてあったので、正直絶対的に行きたくないと思いました。

その時脳裏に『県警対組織暴力』の最後で菅原文太がボロい派出所で働いているシーンが浮かび戦慄しました。

「金沢で色々学んで、数年したら東京に戻ってきてほしい」

学ぶって何を？　専門学校で学んだからここに就職したんで、学ぶことはもう終わりましたが。デカい映画祭のぴあに入選したし、カナザワ映画祭ではグランプリを取った。TAMA映画祭では鈴木智彦さんと知り合って、そこから飯にだって連れてってもらってる。東京で俺は進んでるんだよ。それは会社の皆にだって話してるんだから知ってるだろ？何で金沢みたいなクソ田舎に行けなんて言うんだ？　おかしいよ。

「遠回しの、クビ宣告だ」

ハッとしました。俺は黙って会議室を飛び出し、自分の机に戻って、引き出しを開け、送られてきたばかりの映画美学校の学生証を持って会議室に戻り、上司や他の人たちに向けてその学生証を見せました。

「小林勇貴、映画監督目指します。今まで迷惑かけました。本当にお世話になりました」

俺が映画を撮り始めるきっかけをくれた上司もその場にいました。上司は深く息を吐いてから

「いつか言われると思ってた」

少し悲しそうにそう言いました。

俺って何なんだ

デザイン会社を辞めた時の貯金残高は25万円でした。ヤバいとは思いましたが、「退職金が出るだろうから、それで2、3ヶ月生活しながら次の働き先を探そう」と思っていました。ですが退職金は6年勤務した人にしか出ないことを教えられ、俺は働きだして三年目でしたから退職金が一銭も出ないと知り驚愕しました。退職したことに対して出るはずのお金が、6年勤務していないともらえないとは。

6年働いて初めて勤務していたと認識されるということだろうか、じゃあ3年働いた俺は、就職すらしていなかったのか。

俺って何なんだ。

金銭面に対する見当が大きく外れたために、頭の混乱が始まりました。給料は手取り18万円でしたから、辞めた翌月にその分が入って、家賃が6万6000円で、ガス水道光熱費食費が、あとカードの請求が何万円か来るだろうからそれが加わると、と考え出したらやっぱりかなりのピンチでした。

次の仕事場を見つけて働きだしてから給料が出るまでは1ヶ月かかることを考えたら、この1ヶ月以内に働き始めないといけないと思い、すぐさまネットで検索して、応募フォームから何件も応募しました。条件は、映画美学校の授業がある月曜日と水曜日の週2日間は夜7時に退勤できるところです。「その他の要望」というような記入欄がどこのサイトにもあるので、そこに時間についての要望を書き送信しまくりました。

そこからは応募先からの電話地獄です。とにかく働かないと、と思って応募しまくったので、何に応募したのか自分でも把握できていませんでした。電話口で相手の会社名を聞いて、メモして、面接時間など決めて電話が終わってから「何の会社なんだ？」とメモした会社名を検索して、仕事内容をやっとそこで思い出してメモをし、同じことを繰り返して「飯の種候補リスト」を作っていきました。

「お！　これなんかいいじゃん」と思って応募したときに良くあることなのですが、後から電話をかけてくるのは派遣の会社で「他に紹介したい仕事があるので一度会社まで登録に来て欲しい」というものです。ウマイ条件の仕事を撒き餌みたいに使って、ほんと人身売買やってる会社の考えることは素晴らしいなと思いました。

そうして登録のために新宿にある派遣の会社にいくと「何で辞めたのか」とかを聞かれ

るので「映画監督になりたいから」と答えると小馬鹿にした笑みが返ってきました。カチンとくるので、今年の映画祭で入選したり受賞したりして波に乗っていることを意地になって説明すると、わざとらしく驚いた顔をして
「そんな志の高い人がうちに登録しにくるのは多分はじめてのことです！」

嘘は良いからとっとと仕事紹介しろよと思いました。

「たぶん小林さんの言ってる条件だと、デザイナーではなく、簡単な修正の仕事とかの方が見つかると思います」

そう言われて出された候補に後日面接に行くことになりました。

待ち合わせ場所にいくと先日登録した時に会ったのとは別の奴が立っていてニコニコと挨拶をしてきました。

「面接に行く前に、一度打ち合わせしましょう」

と言われて入った喫茶店の中でも、派遣会社のやつはずっとニコニコしていました。詐欺師はずっとニコニコしてるよな、それと同じかなぁ。と思っていると、

「もしこの会社に決まったら、今後やるべき仕事を増やしてもらえるかもしれませんよ」

はぁ、と聞き逃そうとしましたが、途端におかしいことに気付きました。

「それってて仕事増やされるってことですよね？　退社しなきゃいけない時間に、融通利かなくなりませんか？　言ってることが違ってきませんか？」

「そしたら小林さんは働きたくないいんですか」

生活を人質に取られてる気分になって吐き気がしました。

無事に働く場所が決まりました。ときわ台にある印刷会社です。時給1600円で、定時以降は残業代がつき、夜10時以降は深夜手当てがつきました。ちゃんと働いたら30万円近く手取りで稼げるじゃん。正社員の時より10万円も高いじゃん。勤務時間とか、休みの融通も利くみたいだし、じゃあ派遣が最強じゃん。なんで正社員になったんだ？　田舎者が迷信でマニュアル免許とるみたいな感じかな？　意味わかんねぇな。

と、その時思いました。

その印刷会社は本当に定時の夕方6時に帰らせてくれたので驚きました。本当に派遣すごい！　と思いました。ただ、社員たちにわざとらしく「監督ぅ」と言われるのが癪に障って、その名で呼ぶならここでカメラぶん回して良いんだな？　と内心腹を立てていました。

ゲリラ撮影禁止問題

「ゲリラ撮影は技法のひとつだろ！　ここは学校で、技法を教える場だろ！　ふざけんな！　二度と来ねぇよ！」

映画美学校の入学式の日、受付のある場所で俺は発狂しました。

映画学校の入学式なんて、「機材は無料で貸す！　頑張って映画を撮れ！」だけで良いはずなのに「やられたら迷惑なこと」の話をチンタラしはじめ、挙げ句の果てに「ゲリラ撮影は絶対にダメ」などと言い始めたので本当に俺は発狂しました。

「だいたいキヨシ（黒沢清）いねぇじゃん！　あんなにパンフレットにデカくキヨシ（黒沢清）のせてたのに！」

「特別講師です！　たまにきます！」

「ヒロシ（高橋洋）もいないじゃん！　ヒロシ（高橋洋）講師じゃないの？」

「脚本コースです！」

最初はゲリラ撮影に対する熱い想いから怒っていましたが、後半からはバイオレンスアイドルの追っかけが発狂する醜い姿です。

この時の話を、この騒ぎから1年後、高橋洋監督に直接話したところ、

「ああ、ゲリラ撮影はね、撮るだけじゃなくて、撮って素材を持って帰ってくるまでがゲリラなんだよ。それをわかってない人が多くてね。ただ無茶やって、ケツは学校が拭いてくれると思ってる。そんな話ってないじゃない？」

同感です！　ゲリラは帰ってくるまでがゲリラだし。そのゲリラをやったら、テメェがどんな目にあうかも、ちゃんと想像してやるべきです。

ていうか監督って想像する仕事だろ！　想像しろよ！

第4章
『孤高の遠吠』編

『孤高の遠吠』

あらすじ。

バイクに乗りたいという願望を抱えたユヅキ、カミオ、ショーヤ、リョータの少年4人は、カミオからの紹介で原付バイクを安く売ってくれるというナカニシ先輩とマキヨシ先輩に会いに行く。

先輩ふたりはカミオが言っていた話とは真逆に凶悪そのもので、4人は原付バイクを通常の何倍もの値段で売りつけられてしまう。それでもバイクを手に入れたことが嬉しかったユヅキとカミオは、夜の街をバイクで疾走する。

後日、ふたりのバイクの騒音を聞きつけた、あっちゃん先輩に4人は呼び出され、リンチされる。ナカニシ先輩とマキヨシ先輩は、自分たちが原付バイクを売りつけたにも関わらず、「二度と乗るな、返しに来い」と命令して去っていく。ショーヤとリョータはすぐさま先輩にバイクを返すが、ユヅキとカミオは先輩に反抗して、隠れながら走り続ける。

怒ったあっちゃん先輩は、街中の不良のネットワークを使ってユヅキとカミオの居場所を突き止める。先輩不良たちに捕まったユヅキとカミオの元へ、さらに凶悪な先輩ふたり組、ユキヤ先輩とモトキ先輩が現れる。モトキ先輩はユヅキをボコボコに殴り、ユキヤ先輩はカミオを引き取る。一方ショーヤとリョータはナカニシ先輩とマキヨシ先輩に拉致、監禁、調教される。

バラバラになった4人は引きずり込まれた不良の世界を生き延びようとする。バイクをめぐる後輩、先輩の争いは隣町の不良にまで火をつけ、事態は想像を絶する方向へと進んでいく――

仕事も辞めて学校も辞める

映画美学校に通うために仕事を辞めて新しい職場を一生懸命探したのに、発狂して学校を辞めてしまったので一瞬にしてその意味がなくなりました。

映画美学校に通うはずだった月曜日と水曜日は、そのまま定時で帰って、次回作の準備の時間にしようと思いました。

暴走族をテーマにした映画ということは明確に決まっていたのですが、『孤高の遠吠』というタイトルはまだその時決まっておらず、『パラノイアサーキット』とか『路上修羅』とか、そういう仮題でプロットを書き進めていました。

前作『NIGHT SAFARI』は、先輩から圧力をかけられる話でしたが、先輩とは電話で会話するだけで、その姿は一切出しませんでした。『NIGHT SAFARI』で本物不良10数名を相手にスケジュールを組んで演出をつけて映画を撮っていくやり方が身についたので、より明確に圧力の物語を描くために、今度はちゃんと先輩対後輩の図式をやろうと思いました。

先輩という存在に対するディテールを詰めていくために『NIGHT SAFARI』のときと同様、ユキヤを始めとした不良の子たちに話を聞こうと思いました。結果的には、ユキヤ、弟モトキ、石川ボンを含めて、6名の不良に話を聞きました。

「Mさんって人がいて、いつもライター持ってんの。ボッボッボってライターの火つけたり消したりして、目の下にすごいクマがあるんです」

「それ俺もやられた。目の前にライターの火だされてずっと見てくんの。最初に名前とか星座とか聞いてきて、『みずがめ座とかわけわかんねー星座のテメェは殺されても仕方ねぇ』

って殴りかかってきたりするんですよ」

「ライターのオイルをぶっかけてくる先輩もいたね、それでチン毛燃やされたり、手のひらにライターのオイル溜めさせられて、引火。あとは缶のスプレーとライターの組み合わせの火炎放射が大好きな先輩とか、炎系の能力者が多いですよ」

「急に知らない番号から電話かかってきて、『外見てみろ』とか言われて、見ると家の前に知らない車が停まってるんですよ。『家から出ろ。乗りに来い』って」

「拉致られる時はだいたいそうだよね。俺の知ってるヤツなんかはそれで呼び出されて、急に先輩から車の鍵渡されて『保険で新しい車買いてぇから、この車でそこに突っ込んでぶっ壊せ』って命令されたらしい」

「鍵渡される系だと、『お前のことリンチするからその場所までお前が自分で運転しろ』って鍵渡されたヤツいるよ」

「そんなこんなだと、もうやってられねぇつって、飛ぶヤツ多いですよ。飛ぶっていうのはいなくなることです。山の方に廃墟あるじゃないですか、昔美術館だったところ。先輩に追われて居場所なくなって、その廃墟で生活してたやつ知ってますよ。一回ランチパック差し入れで持ってきました」

「富士宮は廃墟多いから、そういうとこに隠れるヤツ多いね。でも絶対すぐ見つかる。なんなんすかね？　先輩って、後輩見つけるレーダーでもついてんのかな？　とすら思いますよ」

「あとゲンノウって先輩がいて、ニッカボッカあるじゃないですか。ドカタが履いてるやつ。あれめくると玄翁っていって、大工が使うハンマーがガムテで固定されてるんですよ。何に使うんですか？　って聞いたら『俺から逃げるヤツがいたら、ぶん投げるんだよ』って」

「武器だと包丁が多いよね。車の中に監禁されて、包丁で脅されたことあるよ。『単車（バイク）乗るのやめるか、ここで殺されるか、どっちか選べ』って」

「単車乗るのも一苦労だったよな。走ってるとヤクザの人が検問はってて止められて、『誰に許可とって走ってんの？』って。ヤクザが検問ですよ。恐ろしい」

「単車、皆テキトーだったよなぁ。乗れれば良いって感じで、お前の乗ってる単車なんて、前も後ろもブレーキぶっ壊れてるからエンジンブレーキで停まってたじゃん。あんなの今考えたらタチの悪ぃ運試しだよ。バカ丸出しだね」

「そういうテメーはライトぶっ壊れてただろうが！　しょうがねぇじゃん金が無かったし、

あの時は先輩からバイク受け継ぐ、みたいなのもなんか大事だったし」

「その先輩らがロクに整備もしてねーもんを俺たちに下げるから事故ばっかりだったよな！もらうっていうよりか、売り付けられたじゃん。『買わねぇなら買うやつ探せ』とかいって。見つけらんないとブン殴られる」

「金無ぇから奪って乗るとかもあったよな。原付パクって。いらなきゃ売っちゃう」

「オメーみたいなヤツがいるから単車パクっただ何だって市内が騒ぎになるんだよ。一回すごかったよな。週に3台くらい単車パクられて、毎週誰かの単車が無くなって。結局10台以上なくなったよな」

「そん時、俺の単車までパクられたから、お巡り（警察）にチクったらアイツら捜査のヘリ出してくれたんだよ！　ケーサツが暴走族の単車、そこまでして探すか？　フツー。そのあと俺ら、窃盗団探して暴れたりして」

「盗む盗まれるの話じゃ、ゲンツキガリってのが居ましたよ」

「そうそうゲンツキガリね！　あれはたしか……」

キチガイ暴力情報の大洪水。次から次へと異常者としか言いようの無い先輩が危ないエピソードと共に登場して、「後輩を探すためのレーダー」だとか「殺されないために廃墟で生活」だとか、警察や法律がニワトリとセックスしてサボっているとしか思えないような無法地帯な話に戦慄しました。ここに書いたのは氷山の一角です。

最初は聞きながらメモ帳に書いていましたが、インパクトが強すぎるので忘れられるわけがないと思い、聞くことに徹しました。日曜日の始発、東京に帰る電車の中で聞いたことを思い出して爆笑しながらメモにまとめました。

デザイナー仕事が映画の構成に役立つ

情報の多さに混乱するのではと思われるかもしれませんが、手に入れた情報を整理して作品に落とし込むのはデザイナーの基本的な技術のひとつなので、そこは腕の見せ所だと思い作業に取り掛かりました。

まず書き出したエピソードとやりたいことをカードに印刷します。それらを「先輩系」「バイク系」「暴力系」など、系統別に列を作って仕分けします。ジャンルごとに分けられたエピソードを見ていると、全く別々に起きたエピソードなのに、どこか似ていたり、合体できるものが見つかります。それらのカードを重ねて、テープでまとめていきます。こうしてエピソードの塊ができたら、今度はジャンルの列を壊して、「物事が起きる順序」を念頭に置いて、前後を作っていきます。「バイクが盗まれたエピソード」の後に「暴力のエピソード」を持ってきて、「バイクが盗まれたからこうやって暴れた」という風に組み立てる感じです。

この作業をしている中で、「非常に面白いけど、あると厄介」というエピソードは当然出来てしまいます。エピソード自体の圧や旨味が強すぎるため、そこを中心に考えなければならず、逆に使い勝手が悪いからです。これもデザイナーの基本的な技術のひとつ「そんなもんは未練なく捨てる」で解決します。捨てることも大事なのです。

このやり方は、映画脚本に関してはこの時初めてやりましたが、やはりデザイン学校で勉強していた時は、似たようなやり方でデザインを考えていたので、その時の応用をやった形です。

ネタがだいぶ組み立てられてきて、物語の全体が見えてきましたが、敵である先輩の存在がまだぼんやりしていました。頭が固くなってると思い、一回睡眠を取ってリセットをかけると、不良の子たちに話を聞いている中で気になった存在がいたことを思い出しました。

「ゲンツキガリ」という人物です。皆そのワードを頻繁に出していたので、人の名前かと思っていましたが、ユキヤに電話をして聞くと、

「ああ、それは『原付狩り』ですよ。『原付ハンター』とも言いますね。原付乗ってる小僧をシメて原付没収するんですよ。ずっと昔から代々それやるヤツがいるんです」

「そうなんだ、ユキヤの代は誰がやってたの？」

「俺ですよ」

「げげ！　ユキヤが『原付狩り』その人だったんだ！　具体的にいうと何してたの？」

「原付乗ってる小僧ってムカつくんですよ。単車転がす度胸も無いくせにしゃしゃってんじゃねぇってブン殴って原付もらっちゃうんです。売ることも考えて後日書類だなんだってソイツに持ってこさせて、多い時だと俺の家の前に没収した原付が5、6台は並んでましたね。そこに別の後輩呼んできて、テメェこれ買えって」

恐ろしい。

俺に優しい不良は原付には厳しい人でした。

俺は久々の暴力酔いを感じました。とにかく敵のディテールはこれでハッキリしたので、シナリオを書き始めました。仕事終わりの時間も使って、1週間かけてできたのが『孤高

の遠吠』の第一稿です。ちなみに、この時のタイトルは『パラノイアサーキット』でした。

主人公は4人の少年。皆バイクが欲しくてたまらないが、金が無いため買えない。そんな中、バイクを安く売ってくれる優しい先輩がいると聞いて飛びつくが、開けたのは地獄の釜の蓋。聞いていた額より何倍も高い額で原付バイクを強引に売りつけられる。それでもバイクを手に入れた嬉しさから暴走行為を始める少年たちだったが、いろんな先輩たちから目をつけられしまう。リンチ、監禁、拷問、原付バイクは没収され、4人の少年たちの心はバラバラになってしまう。少年ふたりは先輩からの洗脳で極悪化して互いに殺し合いへ。その争いが先輩同士の争いにまで発展。あと残りふたりのうちひとりは先輩から逃げきるも、バイクに乗ることは諦める。唯一バイクを降りなかった少年は、山奥で奇妙な不良と出会い、立派な単車を授けられる。その単車を軸にして、不良同士の単車争奪戦が勃発。先輩も後輩も全滅し、ひとり諦めなかった少年も、先輩に刺されて死んでしまう。生き残ったのはバイクに乗る事を一度は諦めた少年。最後まで諦めなかった少年の姿を見た影響か、再びバイクに乗る決意をし、バイクに乗ってどこかに去っていく。

これが第一稿目の大まかな内容で、完成版と大きく違う箇所がいくつかあります。バイクに乗ることを絶対に諦めない男の話は、『狂い咲きサンダーロード』をベースにしたのですが、今の世の中でやるには『狂い咲きサンダーロード』の圧倒的な主人公、「絶対に諦めない男」の仁さんだけでは、狭い映画になってしまうと思いました。『孤高の遠吠』の主人公を少年4人にしたのはそういう理由からです。

なにかやりたいことがひとつあったとしたら、「最後まで貫こうとする」「途中で諦めてしまう」「周囲を裏切る」「最初の状態よりも悪化する」。このうちのどれかは必ず誰かに当てはまる。貫き通すのは本当に孤独で、寂しく、大変で、終わりがないことです。「貫けることなんて滅多に無いから、今の世の中ではさらに大変だから、もし諦めても、裏切っても、そういうお前のどんな選択も、この映画だけは肯定する」

そういう気持ちで、4人の主人公が暴力地獄をめぐる話を撮ろうと思いました。

映画祭グランプリで協力者多数

不良の子たちから話を聞いた時に次から次へとヤバい人の話が出てきた印象をそのまま

映画にしようと思いました。主人公たちがバイクに乗ろうとすればするほど、ヤバい敵が出てくるという。そこで大勢の出演者が必要になったのですが、『NIGHT SAFARI』がカナザワ映画祭でグランプリを獲ったことが市内の不良の中で知れ渡っていたので、出演者探しに苦労はしませんでした。facebookのメッセンジャーに刺青の入った少年の画像が急に送られてきて「俺を映画に出してくださいよ！」と売り込まれるということもありました。

キャスティングは、不良たちに顔も広く、段取りも上手いユキヤにお願いをしました。ユキヤ自身も『NIGHT SAFARI』のカナザワでの成功を機に「もっと人を集めてスケールのでかい映画を撮りたいですね」と言ってくれてヤル気は十分でした。

最後まで諦めなさそうなヤツと、その友達と、金持ちっぽそうなヤツと、裏切りそうなヤツ。こうやって主人公４人のイメージを伝えました。後は、主人公たちが最初に出会う恐ろしい先輩２人。この先輩から原付を買ったことで少年４人は不良地獄に落ちていきます。

「俺のツレでスゲー気合入ったヤツらいて、刺青も入ってるんですよ。そいつら映画出たがってるんで、どうですかね」

「是非お願いしたいです！　あと、その先輩2人のアジトの場所もどうしようかなって困ってるんです！」

「あぁ、そいつんち工場やってるんで、頼んどきますよ」

「ユキヤ様！」

　新しい職場で働きながら、途中離席してコソコソと電話をかけて準備を進めていきました。

『孤高の遠吠』は、こうやって登場人物の大半をユキヤがキャスティング。ロケ地の選定、交渉までしてくれました。この他にもユキヤは、自分の出番が無い日も撮影に来て「俺がツレ巻き込んだってのもあるんで、行きますよ」と言って手伝いに来てくれたことが何回かありました。

　ユキヤは「小学校中退」の気持ちをもった中卒のアウトローなので「修学旅行だとかそういう行事に全然参加してこなかった」そうです。なので映画作りへの協力には「自分と仲間の一生の思い出になるかもしれない」という気持ちもあったそうです。

　この映画でいつもと大きく違ったのは、石川ボンとその友人カズヤくんがスタッフとして手伝いに来てくれたことです。３５００円のＬＥＤ懐中電灯を照明として持ってくれたり、出演者の送り迎えをしてくれたり、２台目のカメラを持ってくれたり。俺だけでは間に合わないことを協力してくれました。

石川ボンは「映画って総合芸術っていうんだろ。だったら監督のやりやすいように手伝ってやるよ」と凄くありがたいことを言ってくれたのですが、普段人を殴る話しかしない危ない人の口から「総合芸術」という言葉が飛び出したので、最初わけがわからず、立ち眩みしました。

『孤高の遠吠』クランクイン

撮影初日、ユキヤが呼んでくれた主人公４人と初めて会いました。信念を曲げなさそうな顔のユヅキくん、その相棒っぽい顔をしているカミオくん、いかにも金持ちっぽいイケメンのショーヤくん、どう考えても友達を捨て駒としか思ってなさそうな顔のリョータくん。

見事にユキヤに伝えておいたイメージ通りで驚き、「この映画、勝った！」と思いました。特に卑怯そうな顔のリョータくんは本当に卑怯そうで、「卑怯そうな顔の人連れてきて」

孤高の遠吠

と言われて連れて来ることができるユキヤの人脈と、「あいつ卑怯そうな顔してたよな」と簡単に出てくる引き出しの残酷さに衝撃を覚えました。協力してもらっておいてなんですが、ユキヤって、凄く怖い人だなぁ、と改めて思いました。

先輩役の2人も最高でした。細マッチョな身体にドンブリ（全身）で刺青が入っている、渋い顔したマキヨシくんと、蛇のような目とスラっとした体格がいかにも洋風のアブねー雰囲気のナカニシくん。2人の並んだ様子も地獄の番犬コンビのビジュアルとして最高にキマっていて、うわぁ、この人たちから脅されたくねぇ。というシーンが絶対に撮れる「この映画、勝ちまくれる！」と思いました。

後輩4人が、この地獄の番犬コンビ、マキヨシ先輩とナカニシ先輩から原付を買うとき、2人のアジトの工場へ行きます。その工場の重い扉を、まずナカニシ先輩がちょっとだけ開けて、あとは後輩達が自分で開けて中に入っていきます。これは塩田明彦監督の『映画術』という本に、映画内で描かれた境界線を、登場人物が越えてしまうことで、物語に何かの変化が生まれてしまうことが重要なのだと書いてあって、その影響から生まれた場面です。不良が開けた重い扉を、くぐってしまったがために不良地獄に落ちていく。冒頭のこの場面は、少年4人が地獄に落ちた瞬間を演出したかったのです。

ちなみにこのシーンで流れる蛇遣いの音楽は、黒沢清監督の『ドッペルゲンガー』の影響です。調べると蛇使いの音楽はかっこいいものが沢山あって、そのCDなんかも発売されていたりします。なんとも言えない不吉さや、ちょっとしたお祭り感が気に入ってしまったので『孤高の遠吠』の後に撮った『逆徒』では、多めに使っています。

マキヨシ先輩とナカニシ先輩に高額で原付バイクを売りつけられたユヅキとカミオは、それでも自分のバイクを手にいれた事が嬉しくて、夜の街を疾走します。この時、カミオの乗っている原付バイクが反対車線に突入して逆走を始めるというシーンが公開直後から話題になったのですが、これにはちゃんと意味があります。ヒッチコックの『映画術』に『見知らぬ乗客』の演出について、見知らぬ乗客が登場した時に列車が車線変更して、その不吉さを演出したと書いてあります。そのことが頭にありました。『孤高の遠吠』の後半の展開で、ユヅキとカミオは考えていることの違いから仲違いをします。「別々の道を選んでしまう」ということを前半から暗示するために、あの場面でカミオは逆走しているのです。カミオくんに「何度か反対車線に入って欲しい」と伝えると、予想以上に危険なタイミングで逆走をはじめたので、若干カメラのパンが遅れてしまったのですが、そのくらい衝撃的な場面が撮れたので非常に満足しています。

このシーンに使用した音楽は、中学時代の友達に作詞作曲してもらった『低空飛行』という曲です。曲のイメージを説明する時に「騙されて悔しいけど、それでもバイクで走れる事が嬉しいんだ」と伝えました。それで『低空飛行』というタイトルをつけてくれた友達は凄いやつだと思います。暴走族の楽しみを言ったところで、途端に見下したりする人が多い中、冷静にその人の気持ちになって作詞作曲をしてくれた訳ですから、わかってるなぁと思いました。

次に出てくる敵は、マキヨシ先輩とナカニシ先輩のボスのような存在、モンちゃんです。俺は不良達と撮るときは、覚えられなかったり馴染めなくて混乱するのを防ぐために、本人の名前をそのまま使うのですが、このモンちゃんというキャラだけは役名でいこうと思っていました。由来は、モデルにした不良の人の名前をもじったのと、『ザ・ワールド・イズ・マイン』からです。もう映画撮影には慣れてきた石川ボンに演じてもらおうと思っていたので、役名を使おうと思っていたのですが、マキヨシ君やナカニシ君から「俺たちのアタマ役やらせるならピッタリの奴がいますよ」と紹介されたので、まずはその人に会ってみようと思いました。

「はじめまぁして〜。モンちゃんだと混乱するんでぇ〜、俺の名前と同じ、あっちゃんに

孤高の遠吠

役名かえてくださぃ〜」

　これがあっちゃんとの初めての出会いです。ゆったりとした喋り方でさりげなく変更を命じてくるあたり超ヤバい人であることを痛感しました。スリムでイケメンな外見は恐怖政治だけじゃなく、人望もありそうなボス、という雰囲気がありました。ここであっちゃん役に決定しました。あっちゃん先輩のモデルとなった不良は「目の下にすごいクマがある」とのことだったので、あっちゃんには両目のクマが凄すぎて、繋がってしまったというメイクをしました。

　危ないナカニシ先輩と渋いマキヨシ先輩と飄々としたあっちゃん先輩。キャラクターのバランスとして最高だと思いました。不良達に推されて決めて本当に大丈夫かな？　と心配だったのですが、いい方向に転びました。

　あっちゃん先輩登場シーンの撮影は、野球やサッカーチームの合宿場を無断使用したゲリラ撮影だったのですが、山奥にもかかわらず撮影の途中に警察が来ました。撮影をしているとバレたら「データを消して」と言ってくるに違いないので、俺たちはあらかじめ、カメラを持って逃げる役を決めていましたから安心でした。

　結局は不良の皆が警察の扱い方に熟練していたので、何もなかったのですが、ゲリラは家に素材を持ち帰るまでがゲリラなのでこういった備えは必要なのです。その時不良たちは、警察がつけているバッジの数に注目していると言っていました。「バッジ3つのヤツは権力的にもヤバいからぜってー逆らっちゃだめなんすけど、今日きたやつはバッジひとつだったし、見るからに俺らとそんな年違わなかったんで、明らか雑魚だなって思いました」

地獄の職場

不良達との新たな出会いがあり、刺激的な日々の分、仕事の辛さは計り知れないものがありました。働きだしたばかりのときわ台の印刷会社は、募集要項には朝9時半からと書いてあったのに、勤務が決まると、

「朝礼があるから朝9時15分より前には来るように。君は新人だから、それより早い9時にはいると印象がいいかもね」

などとワケの不明なことを言い出しました。印象がいい？　お前より俺の方が朝早く起きていることを想像して、なぜ俺に対しての印象がよくなるんだ？　そんなキモいやつ、

俺からの印象は最悪なんだが、それは度外視なのか？　そう思いながらも早起きをして、派遣の俺には関係のない話しかしない朝礼に行くと、ネトウヨの社長が「戦争が近づいている！　そんなとき、クールジャパンが立ち上がる！　誇り高い日本人の物作りというのは！」とがなり立てるのを、爆笑を堪えながら聞くことから一日の仕事が始まるという感じでした。

昼休みが要注意で、食堂で食べようものなら「監督ぅ、売れてくださいよぉ？」と肝臓の悪そうな社員達から小馬鹿にされるし、自分の机で食べようものなら、所属している部署のブスから飯を食ってる最中にも関わらず「追加の修正指示があるんですけど、いま説明してもいいですか？」などと言われて、食事を中断しなければならないハメになります。お前の顔面の修正指示を今出してもいいですか？　とは派遣の分際では言えない社会構造なので、社内で飯を食うとロクなことが無いことがわかってからは、買って来た飯を社内で食うことは止めにしました。

飯問題は本当に深刻で、ときわ台は会社や工場が多いにもかかわらず、飲食店が異常に少ない上に、ランチタイムでも高額という、労働者をいたわる気が完全に欠如した土地でした。金がなかったので、飲食店で飯を食うことはできず、前述した理由から、買ったものを社内で食うこともできないので、スーパーで買った安売りのカップ麺と、一袋8本入り80円のスティックパンを、そのスーパーに備え付けられた休憩用の座椅子の上で食べていました。スティックパンはそこでは全部食べず、定時を過ぎて夜9時とかまで働かされている時に「うぉおお！　今だ！」とカジれるように何本かとっておくのがコツでした。

2ヶ月ほどそのスーパーに通っているうちに、昼時になると必ず来るバカなジジイがいることがわかりました。そのジジイは露助（ロシア人）が被るような厚手で毛の生えた薄汚い帽子を暑い日も被ってくるバカで、何も買わないくせにそのスーパーのリーダー気取りで、真面目に働いている店員に意味不明な指示をだしたり、乳幼児に怖いくらいデカい声で挨拶したりと毎日やりたい放題でした。そのジジイが来ると、「おい皆、下手うって爆発させるなよ」という緊張感がスーパー全体に走りわたる気がしたので、俺はその様子を見て「このジジイ、何度か暴れたことがあるな」と思いました。

その爆弾ジジイがある時飯を食っている俺の真横に座ってきて「おいしい？」と話しかけてきたので無視をキメました。なぜなら「おいしい？」などと言って話しかけてくるジジイの話に迂闊に付き合うと「昔はそんなものはなかったんだよ」から始まって、「だから俺の親父の兄貴は戦争で死んだんだよ」などと急に戦争の話にシフトすることを常識として知っていたからです。

無視されたことを察知したジジイはニコニコしていた目を急にバキッ！　とさせ、ズバッと立ち上がって自動ドアまで走り、「バカ小僧が！　身の程を知れ！」と怒鳴り散らして帰って行きました。その日からジジイは来なくなり、政権交代。スーパーの長は俺になったのでした。

一発やったら次に進むのがコツ

撮影現場エピソードに戻ります。

ユキヤとモトキをコンビにしました。現実でもふたりの関係がそうだったのと、ふたりが過去に受けてきた拷問やリンチを、「する側」として演じることが『アウト・オブ・キリング』っぽくて何かウケるよなぁ、とボンヤリ思って決めました。

俺は相変わらず弟が大好きなので、ユキヤとモトキで並んでカッコよく登場する様子を異常なまでに時間をかけて撮影してしまい、そのせいで皆から「早く帰りたいです」と言われてしまったため、後のカットをどんどんまとめてワンカットで撮っていきました。

『孤高の遠吠』でワンカットが多いのは、演出上でそうしたかったという以外に、短気な不良達に最後まで付き合ってもらうために、「一発やれば次に進む」「早く帰れる」という手法を使う必要があったからです。

一発やればと言っても、始まってしまえば凝り性な性格な人が多いので、段取りを真剣にやって、それだけで1時間近く経つこともありました。「別アングルからもう1回」というのが嫌いだったんですね。ただナカニシくんや、この後登場するウメモトくんは「何回でもやりましょう」と言ってくれるタイプで、そういう人たちが集まっているシーンでは、いくつかカットを割ったり、上手くいくかわからないような仕掛けのある撮影をしたり、チャレンジをしました。

俺の映画の撮影は、ほとんどが手持ちカメラではありますが、俺なりにレールのつもりで前や横にゆっくり動いていたり、高台に乗ってゆっくり上ったり、下がったりしてクレーンのつもりの動きをしたりと色々工夫しています。これは一作目の『TOGA』の時からずっとそうで、レールやクレーンの使えない自分の願望を最大限に引き出そうと頑張って撮影しています。俺の映画を観ることがあったら是非「手ぶれてるけど、なんのつもりなのかな？」と気にして観ていただけたら面白いかもしれません。

ちなみに俺の撮影に関して高橋洋監督は「普通、下手な人がやると撮影者の存在を感じてしまうものだけど、小林くんのカメラは撮影者の気配が完全に消えてるから、小林くんは上手いってことなんだと思うよ」と言ってくれました。

『孤高の遠吠』でやろうとしたのはノワール映画の雰囲気です。渋谷シネマヴェーラで行われたフィルムノワール特集のトークショーで柳下毅一郎さんが「フィルムノワールの特徴のひとつは車の光」と言っていて、この柳下さんの言葉の影響から『孤高の遠吠』では単車（バイク）や車の光を印象的になるように扱っています。単車（オンナ）によって狂わされる男達の話というフィルムノワールに仕立てたかったのです。このことを『孤高の遠吠』完成後、柳下さんとお会いしたときに話したのですが「車の光って言ったけど、それ意味ちがうよ～」と言われてしまいました。あまりのショックに、柳下さんがそのまま車の光とフィルムノワールとの関係を丁寧に説明してくれたにも関わらず、全然頭に入ってこなかったです。そんなことはありましたが、俺にとって『孤高の遠吠』は富士宮産のフィルムノワールなのです。

ユキヤとモトキの登場シーンで予想以上に弟モトキがイイ声で怒鳴り散らして、「関係の無い不良まで殴る」という希望にも答えてくれて、暴れてくれたため「どうしてもバイ

孤高の遠吠

クに乗りたい主人公」の真反対の「どうしてもバイクに乗らせたくない敵」に見えて、ラスボスにすることが決まりました。予想を超える演技をみせつけられると、

「脚本にはこう書いたけど、あそこで終わるヤツじゃねぇな」

「脚本には書いたけど、こういう判断はしないヤツだな」

と気づかされ、脚本を変えることが良くあります。

怖くて面白くて存在感のある逸材の登場

平日の間にグループLINEで皆の空いている日を聞いて、空いている人のシーンから撮っていくというやり方だったのですが、皆予定を空けてくれず、撮影がストップしてしまいました。始まる前はやる気があったのかもしれませんが、始まってみたら予想以上に面倒で、嫌になってきていたのかもしれません。

ユキヤがLINEで「皆でやってんだから皆が協力しねーと一生終わらねーよ」と声を掛けてくれて2週間分の土曜日の撮影は決まったのですが、それ以降はまた怪しくなりそうな感じでした。それを受けたユキヤが「これは一発皆で飲み行った方がいいっすよ」と

勧めてくれました。東映の人たちが70年代とかに映画を撮っている時の様子を書いた本を読むと、たしかにトラブルの時は頻繁に酒を飲んでいます。「刺青入った不良達と、昔の東映みたいに酒でトラブル解決するって、メチャ燃えるなぁ」と思って飲み会を開くことにしました。

ユキヤが仕切ってくれたお陰で、出演者全員が集まりました。物語上、途中から乱入してきて悪い先輩たちをなぎ倒していく最強の敵役、ウメモトジンギ役、ウメモトくんともその時初めてちゃんと会話しました。

ウメモトくんはルックスが非常にカッコいいので、クールに見え、そのため最初の脚本だと最強の敵ウメモトジンギは一言も喋らない設定でした。が、その飲み会で豪快に酒を飲んで、

「てめぇこの腐れマンコ野郎〜！　ぶっさらうぞアホンダラァ〜」

と騒いで騒いで周囲を爆笑させる姿を見て「無言で最強の人は腐るほど見た！　こっちだ！　やるべきは！　ウメモトくんのこの感じだ！　見た目は怖いのにユーモアがあって、そういうかわいい人が大暴れして全てをなぎ倒す。それはきっと、むしろ神秘的に見えるはず！　裁きに見えるはず！」

そう思いました。何かをやりたい人間達を抑圧し、搾取し、好き放題やってきた先輩不良達をなぎ倒していく裁き。雷のような人物。それが『孤高の遠吠』最強の敵キャラクター、ウメモトジンギです。雷のイメージを出すために、衣装は雷に見える柄のジャケットを探しました。そして拡声器を持たせて高いところから「富士宮の不良は全員殺す！」と宣戦布告するシーンも考えました。空に轟く雷鳴のイメージです。そして下界に降り立って、イカヅチのように不良達をぶっ飛ばしていく。その相棒は格闘技経験のある暴力男石川ボン、役名はシンジョウマコト。『Super Tandem』の時の渋い不良と『NIGHT SAFARI』の時の無邪気な不良を掛け合わせた人を演じて欲しいとお願いするとドロンとした危ない目をさらにドロンとさせて、

「まぁ、できんじゃねぇの」

ジンギとマコト。最強の暴力コンビが誕生しました。

夜だけが俺に正直

この飲み会の時に脚本を配ったのですが、この時のタイトルは『原付狩人』でした。そ

れを見た弟モトキが「ダサすぎる！」と発狂したので、「じゃあお前ちょっとタイトル考えてみろよ」というと、

「んーわかった。思いついた『つみき』！」

「かわいそうに、お前は多分お母さんのお腹の中でヘソの緒で首がしまったために、脳がちょっと弱いね」

「じゃあもう1個ある！『みつばち』！」

「ぼくはクマのプーさんみたいに知恵遅れですってことかな？」

「みつばちの社会は上下関係が非常に厳しいらしいぜ！」

ノータリンなりに物語の内容に沿ったタイトルを考えてくれていたんだと気づいて嬉しかったですが、『つみき』も『みつばち』もタイトルにするのは絶対に嫌だったので振り出しに戻りました。

せっかく皆が集まってるので、決まっていないことを相談して、新しくエピソードを聞いて、そこからヒントを見つけようとしました。撮影も中盤に差し掛かろうとしていたのですが、物語の冒頭がその時実はまだ決まっていなかったのでした。そこで石川ボンに暴走族だった時の話を聞きました

「暴走族になり始めの時ってどんな感じなの？」

「ああ、ガキん時ね。やっぱ親がうるせーから、ド深夜にこっそり家出するみてーに外に出んだよ。エンジン切ったまま親や近所の人にバレなさそーなとこまでバイク引きずって、そっから走る。ツレが夜になると家の前に立って、迎えに来たりしてな」

凄いロマンチックだと思いました。バイクは全然好きじゃないけど、それはなんだか解るかもしれないと思いました。

昼間の連中が白々しいから、夜だけが俺に正直だから、バイクに乗っている時だけが面白いから、加速すれば全部の背景が後ろにぶっ飛んで、無かったことになる。嘘つきども め、黙ってろ。と言わんばかりに轟音が鳴り響く。その時間のためだけに白々しい昼間をやり過ごす。その時間のためだけに家出のようにコソコソと外へ出る。本当にロマンがあると思いました。そこから物語が始まれば、観客を暴走に引きずり込めると思いました。

心を蝕む職場

ときわ台の印刷会社の仕事はボロボロでした。最初と話がどんどん変わって仕事を増やされ、複雑な仕事も回ってくるようになり、1日では終わらない量の資料が平気で机の上に置かれるようになりました。大抵帰れるのは夜の12時とかで、なんだか「お前は月曜と水曜早く帰ってるから、その分の罰を与える」とでも言いたげな、ムキになって仕事を増やしてるような気さえしました。その時は暴走族が市内で本当に暴走行為をするシーンを実現するために、暴走族をまとめてくれるマキヨシくんや、暴走族の頭をやっているシンタくんという子や、シンタくんの相棒のリュースケくんという子に頻繁に電話を掛けてやりとりしていて、非常にピリピリしていました。

精神状態はかなり荒んでいました。昼休み、例のスーパーで買い物をして、カップ麺にお湯を入れるためにスーパー内にある裏通路からショートカットしようとすると、向かい側から化粧の濃いババアが同じように歩いてきました。そこはひとりしか通れないくらい細い通路なのですが、ババアという生き物は「譲り合う」という家畜小屋の豚でも平気でやっている行動がまずできないので、完全に避ける気が皆無の感じで歩いてきました。

「当方に迎撃の用意あり」とはこの時のためのセリフのようなもので、俺も構わずそのまま歩きました。おっさん技のひとつに、電車の乗り降りの時に肘を尖らせて周りの人を殴って降りていくというやつがありますが、それと同じシステムで肘を尖らせ、ババアの腹が来そうな位置に肘を固定し、そのままババアと大激突しました。ババアは体をくの字に曲げて「ぐう、うげぇ」と言っていました。これで譲り合う大切さを学んでいただければ幸いです。と思って俺はそのまま立ち去りました。こういう時は絶対に振り返らないのが大切です。それ以来その化粧の濃いババアをスーパーで見たことがありません。スーパー内の裏通路でも俺が覇者となったのでした。

会社に戻るとよく俺に説教をする社員のデブが待ち構えていて、給湯室に連れて行かれました。多分、ミスが多くなっているという話をしていたと思うのですが、「あのシーンの場所を決めないと」「次のシーン大丈夫かな」と撮影中の映画のことを考えていました。「小林さんにこういう話をしても通じてる気がしません。小林さんに心ってあるんですか？」「心ですか？　ここにはありません」

深夜12時、印刷会社の前に置いてあるカラーコーンを全て蹴って破壊して帰りました。

恐怖の旧車會

本物の暴走族と、本当に暴走行為をするゲリラ撮影。一度集合時間の設定に失敗してその翌週になり、ようやく実現にこぎつけました。

ウメモトくんが清水市の不良を呼んでくれたのですが、その人たちの合流が遅く、1時間以上待っても来ませんでした。当時「パズドラ」というスマホゲームがめちゃくちゃ流行っていて、撮影日にそのゲームのイベントが重なると「イベント中なのでパズドラ休憩もらっていいですか！　ガチャがヤバイんです！」と騒ぎが起きるほどでした。

たまたまその日もパズドラのイベントが重なって、1時間以上遅刻が出ているにも関わらず、皆黙ってパズドラをやって待機してくれました。ウメモトくんと清水の不良が到着するとウメモトくんが気まずそうな顔でこっちにきました。

「すんません。旧車會の人がついてきちゃった」

見るとバイク集団の後ろに、ゴツいセダン車が停まっていました。その車がゆっくり砂利を踏んでメコメコと前進してきます。俺から進んで挨拶に行くと、ウィーンと窓がゆっくり開いて、凄いコワい雰囲気のおじさんが顔を出しました。

「あのう、なんでしょうか、映画を今日撮るんですけど」

おじさんは何も言わず、ウィーンと窓が閉まりました。ウメモトくんが変わって話をしてくれてセダン車は帰って行きました。

「なんだって？」

「わかりません。ただ、俺はもうゾクはやらねぇんだって言ってました」

意味が不明でした。もしかすると「俺は辞めたからお前らも辞めろ」という意味だったのかもしれません。暴走族関係は、そういう人が多すぎです。自分たちだって若い頃は走っていたクセに、今走っている現役の子たちを脅かして、「辞めろ」と平気で言う。聞くところによると暴走族の子たちのルートを警察に横流しして、自分たちオッさん暴走族の暴走行為は見逃してもらってることすらあるらしいです。歳をとって暴走したのはバイクではなく、妬みなのです。

旧車會のおじさんが帰って、もう誰も俺たちの邪魔をしない、ムカつく派遣の仕事もない。土曜の夜だぜ。騒ごうぜ。

暴走ルート選定法

主人公たちを追い詰めるために集まったマキヨシ先輩とナカニシ先輩の暴走族、悪童戯曲（ワルツ）は、集会をやったあと市内を暴走し、少年が隠れている廃墟を目指す。

孤高の遠吠

これは『セーラー服と機関銃』の暴走族シーンを真似したかったので、集会からバイクに乗って、道路に出て、暴走する間をワンカットで撮ろうと決めていました。道路に出てからは止めることができないので、集会の演技からバイクに乗るところまでを何回かテストしました。暴走コースの決め方は、リュースケくんという子がiPadでグーグルマップを開いて俺に見せてくれて、

「監督、ココとココとココに警察署があって、よくパトカーが出てくるのがココです。だもんで今から俺らは、この道を通って走ろうと思ってます。このルートならお巡りは出てきません。ただし一度通過したらその後から絶対出てきます。1回しかできません。1回で撮ってください」

ルートも決まって集会の演技も固まったので、本番に入ることにしました。カメラの動きは、集会を撮ったあと、そのままゾロゾロとバイクにまたがる皆に紛れ込み、その中の1台の後ろに乗り、そのまま暴走シーンを撮る。俺はリュースケくんのバイクに乗ることにしました。

本番が始まり、集会の演技も上手くいき、ゾロゾロと歩いて、バイクにまたがる。バイクが動き出し始めました。リュースケくんは自分が撮影車両だということを意識して、先

を走ったり、後ろを走ったりしてくれました。後から聞くとこれはケツモチと呼ばれる役割の仕事のひとつで、後ろを走って皆を盛り上げたり、信号を無視する時はケツモチが一番初めに道路に飛び出して、他の車が出てこないように足を使って「俺らが通るから止まってろ」と制したりするそうです。リュースケくんがケツモチとは知らず、後ろにいったり前に出たり、信号無視の時は一番初めに突撃したり、一番忙しいバイクに乗ってしまったのでした。

「すごい画が撮れてる!」と興奮して撮っていると、リュースケくんのバイクの隣で蛇行しているバイクが段々近づいている気がしました。リュースケくんのバイクの蛇行と、近づいてきているバイクの蛇行は同じ間隔で蛇行しているので、ぶつかることは無いだろうなと最初は思っていたのですが、そのリズムが段々狂ってきました。さらに近づいてきたのを見て「あーこれはぶつかるな」と思った瞬間クラッシュ。2台のバイクはもみくちゃに転倒。俺の乗ったバイクはその場でぶっ倒れて、リュースケくんとふたりで吹っ飛びました。もう1台は火花をあげながら路面を滑って向かい側の車線まで吹っ飛んで行きました。

俺は持っていた撮影用コンデジの小さいモニターからその様子を見ていたので、何か別の世界で起きてることに思えて、あまり怖く感じませんでした。ですが起き上がって周りを見てみると、大通りのド真ん中で2台のバイクがめちゃくちゃに壊れて、大渋滞が起きていました。

完全に大事故です。

都会育ちのお金持ちのガキならこういう時、発達障害を発揮してテンパって混乱した優先順位と後回し判断で、さらにその場を混乱に陥れるのだと思うのですが、田舎の不良の子たちはトラブルに強いので、そういう時はちゃんと冷静です。瞬時に大破したバイクを路肩に移動しました。リュースケくんは頭から血を流しながら、

「本隊とはぐれちゃいましたね、どうしましょうか。あ！　ここがちょうど俺の家から近いんで、俺、バイクの修理とかの仕事してるんですよ。だもんで一回家に帰って修理して、また合流してもいいですか？」

「大丈夫だけど、リュースケくん、頭から血が流れてるよ」

「気にしないでください！　あ！　すみません。修理してロケットカウル変わったら、前のカットとつながらないですよね」

「すごいな君は！　立派な映画狂人だよ！　気にしなくても大丈夫！　待ってるよ！」

リュースケくんが修理してる間に、本隊と合流しないとなりません。何かあった時のために弟モトキに車で待機してもらっていたので電話しました。

「俺たちが事故したのに誰も止まってくれなかった。はぐれちゃったよ」

「まあそういうもんだよ。事情はわかった。今から車であいつらに追いついて、止まってもらうわ」

数分待つと、弟モトキから電話がかかってきました。

「ダメだアイツら！　スイッチ入っちまって！　止まらない！　大声だして呼んでも、爆音で走ってるからコッチの声届かねーし！　車で近づいてもふざけてると思って中指立ててきやがる！　ダメだ！　降参！」

「モトキくん！　降参しない！　なんとかして欲しい！」

そのとき、リュースケくんがバイクを修理して戻ってきました。早い！　早すぎる！

「待たせてすみません！　まだそんな離されてないはずです。追いつきましょう。乗ってください！」

轟音を鳴らしながら超加速するリュースケくんの改造バイク。背景がどんどん後ろに吹き飛んでいく快感。「危ない！」というクラクションを、排気音で「黙れ！」とアンサーを返す。お国からのストップ命令、赤信号をくだらねぇとぶっちぎり、従うことしかしらないドンくさい車の間を縫って突き進むスリル。バイクで飛ばすってなんて気持ちいいんだろう！　追いつく追いつかないの問題よりも、そっちに夢中になってしまいました。弟モトキの発狂と、リュースケくんの爆走のかいあって無事本隊と合流し、暴走シーンを撮り切り、終わった頃には朝日が昇っていました。

ウメモトくんに事故った瞬間の映像を観せてくれと言われたので、自分ではもう二度と見たくありませんでしたが、データから探して再生しました。そしたら他の暴走族の皆も集まってきてコンデジのモニターを覗きはじめ、大事故の瞬間では謎の歓声があがりました。ウメモトくんが笑いながら、

「いやーヤバかったっすねー！　怪我大丈夫っすかー？　でも単車でブッ転んだならユーキくんも立派に俺らのナカマっすよー」

「なんかバンジージャンプで成人認める民族みたいだね」

「族って言うくらいっすからねー！　オレら騎馬民族ですよー！」

やっぱりウメモトくんは面白い。この人となら今までにない衝撃的な不良キャラクターが生み出せると思いました。

演技は素人でも駆け引きは玄人

この日の撮影は、バイクが盗まれたと言って登場した最強の敵ウメモトジンギがコンビニ前にたむろしている下っ端不良を全員なぎ倒し、車を強奪して大暴れ。バイパスの中央分離帯で騒いでいると、相棒マコトが風呂に入りたいとわめきだしたために民家に勝手に入って風呂を借りようとする。ついでにレイプもしていると、腹が減ったので飯を恵んでもらうために次の民家へ。そこで出会った警察官とウメモトジンギは突然腕相撲を始め、勝ったことでウメモトジンギのバイクを盗んだであろう窃盗団の存在を教えられる。

コンビニ前で大暴れ→中央分離帯で大騒ぎ→風呂を借りるために民家襲撃→飯をもらうために民家襲撃。この一連を1日で撮る計画でした。石川ボンは俺のお願いした通りのキャラクターを作ってきてくれて、ウメモトくんは俺が書いてきたセリフを覚えつつ、即興演技でさらにウメモトジンギの豪放なキャラクターを拡張してくれました。そのおかげで過酷に思えた撮影も、長丁場にはなりましたが撮り切ることができました。

ウメモトくんのシーンはその日が初めてだったので、いきなり朝まで付き合わせてしま

って大丈夫かなと思って声をかけようとしたのですが、ウメモトくんはサメのような目になっていて、

「これがいいんだ。俺はこういうのが好きなんだ」

と独り言を言っていました。この人も怖い人だなと思いました。

撮影していて気付いたのですが、後輩役でも先輩役でも、そのグループの中で上の立場に立っている人の方が演技がうまいです。これは多分、先輩に対しては「俺を舐めないで仲良くした方がいいですよ」と気を配りつつ、後輩に対しては「俺を舐めたら殺すぞ」と神経を尖らせるという演技を日常的に強いられているからだと思います。この演技分けがうまいから不良としてのし上がれる。上からも下からも暴力の制裁が待っているので失敗ができない。演技経験は素人でも、暴力によって鍛えられた駆け引きの玄人。

俺はひとりぼっちでも映画を撮る

『孤高の遠吠』には金蛇(カナヘビ)という窃盗団が登場するのですが、この窃盗団の衣装について普段着なのか、何か別途衣装が必要なのか、どちらの方がリアルなのかで悩み

ました。不良の子に聞いてみると「自分が叩き（強盗）やるときは、別にいつもの服装っすね」と言われたので、普段着の方で考えていたのですが、ちょうどそのとき愛知県で、黒づくめの窃盗団が事件を何回も起こしているというニュースを知って、窃盗団金蛇のコスチュームは黒づくめにしました。面白い事実はどんどん取り入れます。ちなみに金蛇は全員が軍手をしているのですが、あっちゃん先輩だけは軍手の指の部分を切って指抜きグローブのようにしています。「それじゃ指紋ついちゃうから意味ねーだろ」というギャグです。

冒頭部分、会話シーン、拷問、リンチ、拉致、脅し、窃盗など、物語のほとんどを撮り終えました。あとは主人公とモトキ先輩の対決シーンと、物語のラストシーンとなりました。

ラストシーンは、母の妹が住む神奈川県で撮影しました。すべての戦いが終わって、主人公が残した原付バイクを、また新たな少年が拾って走り去っていくというシーンです。そこで出てくる少年を従兄弟にお願いしました。ちょうど通りかかった橋でぼーっとしていると、下の川で鳥が水を飲んでるのを見つけました。

「これはこっちにカメラを構えればいけるかもしれない」と咄嗟に感じてカメラを構える

と、間もなくその鳥が本当に飛び立ちました。川の流れの向きに逆らって、飛び立つ鳥の姿が撮れたのです。これは本編ラストで使用しました。流れに逆らって飛ぶ姿がテーマにぴったりだったからです。

この時には悩みに悩んだタイトルは決まっていました。撮影中、何台ものバイクの排気音を聞いて、「遠吠だなこれは」と思いました。

群れてるように見えてもひとりぼっち、そいつらが吠えてる。俺はひとりぼっちになっても映画を撮る。バカみたいだと言われても、これしかやりたいことが無いから絶対に撮る。そんな自分にも重ねてタイトルを決めました。

『孤高の遠吠』。

かっこいい言葉と、かっこ悪い言葉が並んでいて、実に不良らしいと思っています。

主人公と先輩の最終決戦。撮影場所は物語冒頭で原付バイクを無理やり買わされる場所と同じ、ナカニシくんの工場。無理やり買わされたものを無理やり奪われ、無理やり取り返しに行くのを映像で見せたかったのです。深夜に大暴れすることになるので、ナカニシくんに相談すると「うちは構いませんが、近所の人に挨拶は必要ですね。一緒に行きましょうよ」と言ってくれました。しっかりしてます。

菓子折りを買いに百貨店に行くと、ちょうどその時バレンタインデーと重なっていたために、どのお菓子もバレンタイン仕様になっていました。仕方ないのでハート型の箱のチョコを買ってナカニシくんと近所を挨拶回りしました。ナカニシくんの家の近くにはお寺があって、そこが一番大きいところでした。玄関のチャイムを鳴らすと、和服みたいなのを着たすごく身なりのいいおばさんが出てきて、

「なんでしょう」

「すみません！　俺が監督です！　今夜ここで人が暴れて、血まみれになったりすると思うんですけど、気にしないでください！　これ、チョコです！」

「ひえぇ！　なんですか！」

「ゆうきくんそれじゃヤバイですよ！　俺が言います」

ナカニシくんが代わりに話をしてくれました。

夜の撮影まで時間があったので、実家で休みながらTwitterを見ていると、俺の映画のことを指して「陽が落ちて、夜が来たなら不良の時間」と書いている人がいました。そうです。嘘と建前と誤魔化しが蔓延する昼間をぶっ飛ばして、夜に本当の暴力を見せる。夜は俺たちの時間です。

大マスコミ相手にゲリラ宣伝

『孤高の遠吠』のすべての撮影が終了し仮編集も出来て、それを不良の皆に共有した時にエンドロールについてナカニシくんと揉めました。仮編集を観たナカニシくんは、「エンドロールで最後に出てくる監督、小林勇貴ってのは、そのまま流れてかないで、真ん中で止まった方がいいっすよ。監督なんすから、俺らのアタマなんですから、ビシっと決めて欲しいです」

なぜ俺がエンドロールで自分の名前がそのまま流れていくタイプにしたかというと、ライムスターの宇多丸がラジオで「エンドロールで自分の名前を制止させる監督はロクな奴がいない」と言っているのをたまたま聞いてしまっていて、俺もちょっとそれは「そうかもしれない」と真に受けてしまったという情けない理由からです。これはナカニシくんが本当に正しかったと思っています。『孤高の遠吠』では結局流れていくタイプにしてしまったのですが、今では気をつけて、最後に出す自分の名前は制止、できればド派手な事もやってやろうと思っています。エンドロールで監督の名前が止まるだの、止まらないだの、そんなこと内容に関係ある訳無ぇし、俺がアタマ張ったんだ、ビシっと決めてあたりめぇだろう。そんな時、世間を騒がす事件が起きました。川崎のリンチ事件です。

いじめて良い相手を見つけてリンチをかます構造は川崎の少年だろうが会社だろうがYahoo!ニュースのコメント欄だろうが自衛隊だろうが変わりません。リンチそのものに対する憎悪がさらに湧き上がってきて、このタイミングで『孤高の遠吠』を一度晒さないとダメだと思ってFC2動画で24時間限定公開しました。各映画祭に入選した後でもあり、俺の新作として飛びついてくれる人が多かったです。そこから噂が広まって、凄惨なリンチが多くでてくる物語を観て「これって川崎の事件のあとだと洒落にならない怖さがあるよね」と感想をあげている人が何人もいました。

24時間限定公開が終わる頃、カナザワ映画祭の主催者小野寺さんからTwitterのDMで連絡が来ました。

「『孤高の遠吠』をカナザワ映画祭で上映しない？　あと、音雑すぎるからプロに整音してもらおうぜ。ポスターも作ってもらおう。いつ打ち合わせできる？」

微狂《びちが》いの人は話が早いから助かるなぁと思いました。

「ライムスターの宇多丸がTBSで24時間放送をやると生意気なこと言ってるから、そこに行って『孤高の遠吠』のポスターを貼って宣伝しようと思う」

退学した映画美学校の生徒にTBSで働いていたやつがいたので、そいつに相談しました。

「入り口は3つあるよ。トラックが入る業者口と、関係者しか入れない裏口、あと正面口」

「レンタカーで軽トラ借りて、空っぽのダンボール積んで業者口から入るって手だとどうだ?」

「多分無理じゃないかな。業者口にも警備員がいて、そいつが持ってるリストに名前が無いと入れないから」

「じゃあ正面口だな。ポスティング会社に変装して、ポスター貼りに来ましたって嘘ついて突破する」

「正面口なんて! 入館証もらわないと無理だよ」

「正面突破する」

家に帰ってすぐに会社のユニフォームと名刺をでっち上げました。後はTBSに突入するだけです。当日、友達ふたりを引き連れて、TBSビル近くのトイレで変装して正面口に立ちました。偉そうなでかいビル、ここに偉そうな宇多丸が居る。そう思うと沸るものがありました。

「ポスターを貼らないとまた上司に首しめられるんです」

警備員さんは困惑していました。もうこれは無理かなと思っていると、背後で「僕が入れないいんじゃ番組が始まらないじゃないか！」と怒っているおじさんがいました。なんか見たことあるな。と思って見ると、そのおじさんが暴れ始めました。他にも入れない人がいるらしく「俺も今日よばれてきたのにリストに無いとは何事ですか！」と騒ぎ始めました。これは警備員さんが悪いのではなく、警備員さんのリストにちゃんと誰が来るか伝えない、上の人間のバカさからくるトラブルだと思いました。

困った警備員さんは一斉に入館証を配ってくれて、俺たちも入れることになりました。駅の改札と同じ感じで、入館証をタッチするとゲートが開く仕組みです。そこを越えてガードマンを抜けてエレベーターに乗り、9階のボタンを押しました。予想外のハプニングで計画が上手くいったので、俺たちは歓喜して、エレベーターの中でチンチンを出して大暴れしました。9階についてエレベーターを降りると、大人に囲まれました。

「なんの用ですか」

「『孤高の遠吠』のポスター貼れよ！」

貼る貼らないで少し言い合いになりましたが、貼ることはできないけど絶対にポスターもチラシも配ると言ってくれたので、そこで折れて帰りました。その後ライムスターの宇多丸がラジオでその時のことを話してくれて、また宣伝効果があったので、やってよかったと思っています。

まだあるゲリラ宣伝方法

俺がやったゲリラ宣伝では、こんなものもあります。ぴあフィルムフェスティバルの同窓会というのが開かれました。大林宣彦監督や塚本晋也監督など、ぴあ映画祭にゆかりのある監督が一堂に会する立食パーティーです。

しょっぱなからネガティブ発言を連発する大森一樹監督に大林宣彦監督がブチ切れるという幸先の良いスタートから始まったその会の裏で、俺はこそこそと準備を進めていました。トイレに駆け込んで、シャツとセーターに着替え、ネームプレートを首から下げ、マスクをつけました。パーティーにいるぴあのスタッフに変装したのです。シャツとセーターにした理由は、「雑誌も廃刊したし、パーティーつってもどうせこんな服装だろ」と思ってのことです。それが大当たりで、パーティー会場でのスタッフは大方そんなような服装でした。

変装を終えトイレを出て、手当たり次第有名監督たちに手提げ袋に入れた「記念品」を渡していきました。

「スタッフです。今日はおめでとうございます。記念品です」

「ああ、ありがとうございます。おめでとうございます」

塚本晋也監督が受け取ってくれました。記念品と筆で書かれた熨斗を巻いた包みの中身は、俺の映画『NIGHT SAFARI』のＤＶＤです。俺の映画のＤＶＤをいろんな監督たちが騙されて、「おめでとうございます」「ありがとうございます」といって受け取っていきました。「ざまぁみさらせ〜」と叫びたかったのですが、我慢して配りました。

後日、騙されたことに気付いた白石晃士監督がTwitterで、俺の宣伝活動を絶賛してくれました。この他にも、変装して潜り込むことが多いです。変装自体は鈴木智彦さんの影響で、鈴木さんは前述のＴＢＳ潜入の話を聞いた時「認める！」と言ってくれました。原発に世界で一番初めに潜入したジャーナリストに、ゲリラ突入を認めてもらったのです。はっはっは！　うらやましいだろバーカ！　悔しかったら真似してみーろ！

カナザワ映画祭でプレミア上映

『孤高の遠吠』は反響が大きく、いろんな人と出会いました。作家の岡映里さんは『孤高の遠吠』を絶賛してくれていろんな人に推してくれました。ありがたかったですが、岡映里さんの著書『境界の町』には不良が刺青丸出しでバーベキューをする描写があって「やばいこの人！　俺がやりたいこと先に書いてる！」とライバル心もありました。岡映里さんの意外な人脈で関東連合の元リーダー工藤明男さんを紹介してもらいました。勇気を出してトークゲストをお願いすると快諾してくれました。そこからさらに工藤明男さんが漫画家の真鍋昌平さんを紹介してくれて、真鍋さんもトークゲストで来てくれることになりました。

カナザワ映画祭での上映を盛り上げるため、宣伝も工夫をしました。『キング・コング』の野外上映があることは知っていたので、働いていたデザイン会社からゴリラの着ぐるみを強奪して、金沢に郵送。現地で着てチラシを配りました。上映に来ていたお客はとても喜んでくれたのですが、近所のガキどもが「ゴリラじゃ！　ゴリラがおる！」と木の棒を持って、スケボーに乗って追いかけてきました。暑い中着ぐるみを着ているだけでも地獄なのに、捕まると木の棒でマジでブン殴られるのでたまったものではありませんでした。裏道に隠れてやり過ごそうとすると、ガキが仲間を引き連れて裏道に飛び出てきました。

「馬鹿晒せクソゴリ！　地元のもんが地元の道を一番知っとるんじゃ！」

工夫を凝らして自分の映画を宣伝しようとしただけなのに、金沢のガキ数名にタコ殴りにされました。

カナザワ映画祭での上映は大成功でした。鈴木智彦さんとのトークショーも爆笑の連続で大いに盛り上がりました。工藤明男さんと真鍋昌平さんとのトークショーは、裏社会の人が表舞台に登場した緊張感が劇場全体を締め付けて、ピリピリしたムードの中で行われ、2日間全く違った雰囲気になりました。劇場の前には自分で用意した花輪を「富士宮市不良一同」と偽って飾り、劇場の列に並んだ人が「やべぇ、不良から花送られてるよ」と騙されてドキドキしていました。こうやって待っている間からエンターテインメントを体感して欲しかったので、大成功でした。

また会社をクビになる

「更新は無いからね。仕事なくなって、大丈夫？」

カナザワ映画祭の夢のような数日間から帰ってくると、印刷会社をクビになりました。「別に大丈夫です」と力なく答えて家に帰ろうとすると、タイムカードがありませんでした。タイムカードに退勤時間を書いて、社員の人からハンコをもらわないと、その日働いたことにはなりません。タイムカード自体がなくなると、どうなってしまうんだろう。社員の人に聞くと「人事部が回収してったよ」などと言います。俺が派遣会社に送るものなのに、なんで勝手にそんなことするんだろうと思って人事部のある別棟まで言って、人事部の人に俺のタイムカードを持って行ったか聞きました。「知らないなぁ」と言って、探す雰囲気もありません「それがないと俺給料もらえないんじゃないですか？」というと「そうかもねぇ」などと言います。やっと探し始めたかと思うと、

「見つけたけど、部長がいないと、君に渡して良いか、判断ができないね」

「てめぇら、良い加減にしないと、ここで暴れるぞ」

タイムカードを取り返したので帰ろうとすると「待て！」と言われました。見ると同じ部署のデブ女でした。３秒そこで立ち止まって待ったので、再び歩いて帰ろうとしました。

「待てと言っている！」

なんだろうと思って、もう一度振り返ると「来い！」。待てとか来いとか、お前さぁ、自分から動かないからデブなんだよ。渋々行くと、シワシワになった紙袋を渡されました。中にはスナック菓子が２、３個入っていました。

「お疲れ様でした！　部長や私たちからの贈り物です」

俺はそれをすぐさま壁に叩き付けました。袋が破れてポテトチップスや、おっとっとが宙を舞って散乱しましたが、勤務時間はとっくに過ぎていたので、気にせず帰りました。

第5章

『逆徒』編

『逆徒』

あらすじ。

祭りの日の夜。無意味な暴力を好む厄介な不良ヨシキは、仲間の不良達から「金を盗んだやつを捕まえてボコボコにするから来てくれ」と呼び出される。

今夜も暴力を振るうことが出来ると喜んだヨシキだったが、不良達から「お前が金を盗んだんだろ？」と詰められる。ヨシキは罠にはめられたのだ。ヨシキへの容赦のないリンチが始まる。バリカンで頭を刈り、ゲロを吐くまで殴り、石で頭を割り、「飽きたから捨てよう」と崖から落とす。

無残にも絶命したヨシキだったが、なぜか何事も無かったかのように起き上がる。もう彼は人間、ヨシキでは無かった。暴力に反応して暴力を執行する怪物、厄ネタ、逆徒として蘇ったのだ。

ヨシキが蘇った事を知った不良達は、カーチェイスでヨシキを追いかけ捕まえるが、一度殺してしまったトラウマで、なにもすることができず、監禁する。リンチの責任を擦り付け合う不良達は、富士市と富士宮市という派閥争いに発展。

加熱する暴力を嘲笑うかのように、ヨシキは監禁場所から脱走し、襲撃・無差別殺人を繰り返していく――

これで満足するのは危険だ

『孤高の遠吠』は評判が良く、反響が大きかったです。実話ナックルズ、映画秘宝、VICE Japan、KAMINOGE、中日新聞、東京新聞、色々な所から取材がきました。アップリンク渋谷で劇場公開した時も連日満席になり、大変な話題となりました。

そうしているうちに俺の中で、

「これに満足して胡座をかくのは危険だ」

「真逆のものを作ってやれ。爽やかさなんて、青春なんて微塵も無い、クソのような暴力を撮ってやれ」

そういうドス黒い気持ちが湧き上がってきました。「今までとは逆」のものを作らなければ、技術もそこで終わります。「期待とは逆」のものを作らなければ、新しいエンターテインメントで楽しませることは出来ません。誰の言うことも聞かない反逆者、そういう映画が俺には必要でした。それが『逆徒』です。

「おまえ！　保険証が無いなんて信じられない！」

派遣で働き出したあたりから保険証は失効していて、それを知った親戚一同から虫けら以下の扱いを受けました。それまでは「映画、がんばってるねぇ」なんて言ってたのに。保険証が無いことがわかったら豹変。

「保険証が無いって怖ぇぇなあ」と思いました。

『逆徒』には保険証が無いので怪我するようなことができない、喧嘩ができない不良が登場します。それは、俺が感じた保険証失効の恐怖が色濃く反映されているからです。

大石淳也とは腐れ縁なのでこの『逆徒』の時にはすっかり仲直りをして、廃墟で打ち上げ花火を暴発させて爆破シーンを撮りまくっていました。ひとつの映画にするつもりだったのですが、撮れるのは爆破ばかりで『逆徒』本編が始まる前に『爆破人生 予告編』として入れ込みました。仲直り記念作品が、爆発オンリーの映像なのは俺たちらしいなと思っています。

今の話を集めないとダメだと思う

『逆徒』の脚本は『孤高の遠吠』と逆の作り方をしました。「どんなことが起きたか?」を取材するのが『孤高の遠吠』でしたが、『逆徒』では、「こんなことが起きたらどうするか?」と俺が不良達に聞くという風にして取材をしました。なぜそうしたかというと、ひとつは『孤高の遠吠』で市内の事件は大方調べ尽くしたというのがあります。まだ聞いていない事件はもちろんあるのですが、ひと通り聞いた時点で、どうやって暴力沙汰が起きるのかという仕組みがなんとなくわかったというのもありました。

一度、自分よりもいくつか上の世代の不良の人たちの話を集めようかと思って、不良を紹介してくれるユキヤに相談したのですが、そのときユキヤに、

「ユウキくんと映画撮るようになって俺も映画観るようになったんですけど、ユウキくんが撮る映画って、今の人が観て楽しい映画だと思うんですよ。だったら今の話を集めないとダメだと思うんです。昔の話じゃなくて」

こう言われたことで思いなおしたのも『逆徒』の取材方法をいつもと逆にした理由のひ

とつです。

新しい市内の事件や犯罪だと、詐欺だったりだとか、金絡みのものが多くなっていて、「金の絡んだ頭脳戦」のような物語はまた別の機会にやりたかったので、取材をしたところで暴力と復讐の物語にしようとしている『逆徒』には向かないと思いました。

俺からいつも映画に出てくれる皆に聞いてみたかったというのも理由としてあります。『孤高の遠吠』でナカニシ先輩を演じてくれたナカニシ君に取材をしました。

「こういう、超最低のムカつくヤツがいたらどうするの？」

「殺しちゃいますね」

「その殺したはずのやつがさ、また現れて、また調子こいたことしてきたらどうする？」

「どうすんだろう。一度殺しちゃってるからなぁ。やり辛いってのありそうですね」

このナカニシ君とのやりとりで『逆徒』の方向性が大分固まりました。俺は最初、殺したことでふっきれるのでは？　くらいに思っていたのですが、暴力のそばにいた不良の子からすれば、実は逆だったと。ムカつく不良がひとりリンチされて殺されるところまでは頭の中で決まっていたのですが、その先が決まりました。

殺した側は、殺したことが枷となるのです。

加害者側からの暴力

そうなると逆徒というキャラクターは、殺されたことで何か枷が外れた人になるべきだと思いました。

キャラクターを考える時に重要なのは対比だと思っています。それは、結局物語の展開を広げていくのは出来事ではなくキャラクターなので、そのコントラストが強いほど物語を飛躍させやすかったり、悩んだときにキャラクターの対極さに立ち返れば解決方法が思い浮かんだりするからです。『Super Tandem』では善意を押し付ける大石という人間が主人公で、悪意を押し付けるクジョーが敵でした。『NIGHT SAFARI』では先輩の命令で行動するユキヤ達が主人公で、友達のために自分から行動する不良が敵でした。『孤高の遠吠』ではバイクに乗りたいユヅキ達が主人公で、バイクに乗らせたくない先輩達が敵でした。

「こいつがこうしたから、おまえはどうするんだ？」と脚本を書きながらキャラクターに問いかける時、互いが真逆であればあるほど、流れを大きく変えることができます。

『逆徒』は高橋洋監督の言葉からも影響を受けました。『孤高の遠吠』を渋谷のアップリンクで上映したとき、高橋洋監督にトークゲストで来てもらいました。トークショーが終わってからお酒を飲んでいると

「小林君、一番面白い暴力は、被害者の暴力でなくて、加害者の暴力だと思うよ」

そう言われました。

俺はとても混乱しました。

どうすれば被害者でない暴力が描けるんだろう？　何にしたって、相手から何かされた時点で、少なからずその人物は被害者になってしまう。何もされない状態で物語を進めるということ？　多分そんなことを高橋洋監督は言っていない。なんなのだろう？　その場に居あわせたアップリンクの人も混乱していろんな質問を投げかけていました。高橋洋監督は、

「言ってることはわかるけど、でもね、加害者の暴力だよ。それが一番恐ろしい」

その一点張りなのも俺にとって衝撃的で、怖かったです。この日の高橋洋監督こそ加害者だと思いました。そんなことがあって、ずっと頭の中から「加害者の暴力」という言葉が、答えも出ないままずっと離れずにありました。

『逆徒』はリンチから始まる物語ではありますが、リンチ被害者であるはずのヨシキから、その悲壮感のようなものは完全に排除して「ぼかぁリンチで殺されたりもしましたが、まあそれはそれとして、アンタを殺します」とサッパリしたやつにしようと思いました。

心のテーマにする映画を持て

『逆徒』の方向性やキャラクターを固めている最中、テーマとなる映画のことも考えました。

俺は毎作品、撮る映画のテーマになる映画を考えます。例えば『孤高の遠吠』では『狂い咲きサンダーロード』『バトル・ロワイアル』『仁義なき戦い 代理戦争』などです。シーン的な真似も多くなりますが、そう言った意味ではなく、「どんな志の映画か？」といった指針の意味が強いです。これを決めておくと何かで迷った時に「自分がテーマにした映画だったら、こんな時どうするか？」と頭の中が一気に整理されて困らなくなります。

『逆徒』でテーマにした映画は『実録 私設銀座警察』『新・仁義の墓場』などの厄ネタもの。そして『脱獄広島殺人囚』のしぶとい反逆精神。『仁義なき戦い 代理戦争』の責任押

逆徒

し付け合い。あとはカナザワ映画祭で観た『神が殺せと云った』もテーマにした映画のひとつです。これは、加害者の暴力という目標にかなり近い映画なのではないかと思いました。完成した『逆徒』で一番影響を受けている場面は、ラストのテロップです。『神が殺せと云った』のラストのテロップがとても恐ろしく「じゃあ今までのは何だったの？」と寒気がしたことが忘れられなかったためにそうしました。テーマにした映画ではありませんが、同じカナザワ映画祭で観た映画で影響があるのは『脱出』で、足を骨折したキャラクターのズボンの裂け目から、骨ではなく変なブニブニしたピンクの肉が飛び出ていたのが忘れられず、『逆徒』の後半、刺されて裂けた部分から、変なピンクのブニブニした肉を飛び出させて不気味さを出そうとしました。

厄ネタものというのは実録ヤクザ映画のジャンル、要素のひとつです。厄介者が集まっているはずのヤクザ社会において、さらに鼻つまみ者がいて、そいつが暴走して争いやトラブルが拡大していくというものです。

俺はこの厄ネタものというのが実録映画、実録暴力のひとつの到達点、分岐点だったと思っています。なぜなら、不死性に触れるからです。どういうことかというと、ヤクザ社会の厄介者を描く上で、当然「厄介者を殺す」という展開になります。そこで死んでしまっては物語が終わりになってしまうからということもありますが、厄介者はしぶとく生き残ります。蘇るのです。ここで厄ネタという登場人物に不死性が生まれます。深作欣二や佐藤純彌など、当時こぞって暴力を描きまくって、様々なヤクザ、人間の「死に様」を描いた人たちが、あるとき「死なない様」を描かざるをえなくなる。

死なない様の演出はほとんどがホラーと言えるもので、『実録 私設銀座警察』はそこが凄まじい作品でもあります。実録映画終焉の時に作られた『北陸代理戦争』でも、主人公が途中襲撃されてくたばり損なうという、やはり不死性があります。大勢の作家が短い期間にこぞって暴力を延々と描き、延々と死を演出していたら「死なない奴」が必要になってきた。そうして実録映画は厄ネタものにたどり着いた。あのまま厄ネタもの、実録映画が撮り続けられていたらどうなっていたんだろう？　それを考えました。殺しても「死なないこと」の先、それは何なのだろう？

歯止めが効かなくなる瞬間

『逆徒』ではリンチが重要なテーマです。そのため、どのカットでもひとり対複数という、リンチの構図になるようにしています。些細な会話のシーンでも多勢に無勢にして、ひとりの方はひとりぼっちに見えるようなアングルで撮り、大勢の方はグループショットで撮って、その差が出るようにしています。また状況に応じて有利な側を下の角度から撮って大きく見せ、不利な側を上から撮って小さく見せるなどもしています。リンチの恐怖、数の暴力の恐ろしさが常に画面に充満している映画にしたかったのです。

『逆徒』のもうひとつのテーマは責任逃れです。

ある夜「厄介だな」と思っていた不良を皆でリンチする。やっている最中は良かったけれど、終わってみると不安が残る。だけど大勢でやったことなので責任はぼやけている。そこへ自分達が殺したはずの人間がフラっとやってきて、復讐するわけでもなく、ぼーっと座っている。

「こいつがこうなっちゃったのはお前が悪い」

「いいやお前だ」

ひとつのグループに見えていたものが、次第に派閥に分かれ始める。そこで争いが拡大する。蘇ったものは平然としているが、拡大する争いを話し合いで抑えようとすると、突然現れ暴れ始める。それが次の争いの火種になる。自分が振るったはずの暴力が自分に返ってきている。皆暴力を止めようとするために、暴力を使ってしまう。動き出した暴力の連鎖を、「もうやめてくれ」と止めようとしても絶対に止まらない。

不良でも誰でも、自分の暴力がコントロールできるものだなんて本当は思ってなくて、それに確信を持ってしまった瞬間がきっと一番怖い。「責任逃れ」と「責任の化け物」の対決の物語。

実録映画が到達した不死性の厄ネタもの、その先について『逆徒』で俺が出した答えは、「化け物になる」でした。幽霊でも良かったのですが、それは殺された個人の話が強くなってしまう気がしてやめました。あくまでも逆徒という存在を、感情が計り知れない不気味な存在、暴力を発動させる装置みたいなものにしたかったのです。

マキヨシ君壱号

『逆徒』の主演は『孤高の遠吠』でマキヨシ先輩役をやってくれたマキヨシ君にお願いしようと思いました。マキヨシくんはやさぐれた男前の顔立ちをしていて、それが厄ネタもののイメージにぴったりでした。マキヨシくんに前述の厄ネタもの映画のＤＶＤをひと通り渡すと、一晩で観てくれました。「どうだった？」と聞くと、「ゆうきくんのやりたいこと、わかりましたよ」

マキヨシくんは実録映画が大好きで、『孤高の遠吠』の撮影で初めて会った時からすでに「仁義なき戦い」シリーズは全部観ていて、セリフもほとんど覚えている人でした。一緒に『スカーフェイス』を観た時も、ラストでモンタナのコカイン御殿が襲撃されるところで泣きそうになっていて、理由を聞くと、

「あんなに危ない橋わたって、ようやくここまで稼いだのに、こんな雇われの雑魚どもに銃で豪邸めちゃくちゃにされるとか、悔しいっすよ」

こいつ主役で映画を撮りたい。改めて逆徒役はマキヨシくん以外にいないと思いました。『逆徒』冒頭のリンチシーンで崖から落とされる場面を撮りたいと思いました。リンチだと大勢が密集してひとりを殴るわけですから、寄りなど、圧迫感のある画面が続くことが予想されます。崖からの落下は遠目から撮る引き画になるので、リンチの映像全体のバランスも良くなると思いました。本当に人を落とすという選択肢も俺や不良たちにはもちろんあるのですが、俺は高橋洋監督の『ソドムの市』で手作り感のある等身大人形がぶん回されているところが不気味で大好きなので、自分で等身大人形を作ろうと思いました。

逆徒

ネットで検索すると、どこかの映画好きが「篠崎誠監督から教えてもらった2時間で作れるデク人形」というものを紹介しているのを発見しました。

紹介とは言っても作り方のハウツーみたいなものは一切書かれておらず、情報は出来上がった写真と、材料がガムテープと新聞紙であることのみ、「完全に独学だと篠崎誠監督は言っていました」と締めくくられるその文章に妙に突き放された気分になりましたが、そんなら俺も自分で考えてやるわいと、以下の方法で等身大人形を作りました。

まず俺とマキヨシくんは身体のサイズが同じなので、寸法を決めるときは俺の身体を参考にして問題ありません。自分の脚、脚から腰、腰から肩、肩から腕、頭、と同じサイズになるように針金を切って、それを人の形に組みました。そこへと新聞紙を詰めて行って、最後にガムテープで補強して完成。関節部分の新聞紙は薄くすることで、落下中に身体がぐにゃぐにゃ動くようにしました。

名前は『マキヨシくん壱号（本物のマキヨシくんは零号として計算）』。

強度がどんなものかと、ちゃんと崖から押したときに関節が動くかを調べるために、実家の階段から『マキヨシくん壱号』を落下させました。ぐにゃぐにゃ、ぼとん、問題ないキモさの死にっぷりです。映像に耐えられる出来栄えだと思いました。確認は完了しましたが、普段階段から人を突き落とす機会があまりないので、その後も夢中になって階段からマキヨシくん壱号を落下させていると、通りがかった母親から「あんたそれ、小さい時もやってたよね」と言われました。

崖から落とすシーンの撮影を無事に終え、リンチをしたグループには帰ってもらって、マキヨシくんとふたりで残りのシーンを撮っていきました。崖から捨てられた逆徒くんが蘇生して、崖から這い上がるシーンです。

逆徒くんは崖から這い上がった後、一服しようとポケットをあさりますが、タバコもライターもありません。仕方なく地面に落ちていたシケモクを拾って、ライターの代わりに石を叩いて火をつけようとします。当然そんなのはうまくいかず、早々に諦めて石もタバコもぶん投げます。

ここでタイトルがドン！　と出る。

殺したはずの男が、暴力の化け物として蘇る。

ライターがないから石でつけるという短絡ぶりは、観ているお客さんたちに「こんなやつに殺されたくはない」というイメージを与えられると思いました。このシーンは『脱獄広島殺人囚』のラストシーンのパロディでもあります。『脱獄広島殺人囚』では脱獄を繰り返す松方弘樹が最後、大根をむさぼり食いながら、線路に落ちているシケモクを拾い、石を線路に打ち付けて引火しようとしているところでストップモーションとなり終の文字がでます。これがかっこいい！　この一動作だけで、誰の言うことも聞かないことがわかります。「ああもう無理だこいつ」という感じを、『逆徒』では冒頭から絶対にお客さんにわからせないといけないので、この傑作シーンを引用しました。

死の連想

マキヨシくんと崖の下に降りて、目覚めるシーンを撮り始めました。そこは海が近く、アングルを決めていると、遠くの方の灯台の赤い光の点滅がチラチラと入ってきて「これは死を連想させるなぁ」と思いました。その赤い点滅の前で、傷だらけの逆徒くんがムックと起き上がる。痛がるわけでもなく、装置が発動したかのように、ぼーっと。

そしてワシワシと崖の砂利をつかんで這い上がる。這い上がった先の撮影を始めようとすると、そこに石が積んであることに気づきました。おそらく犬だの猫だのの墓かと思います。海が近く昼間は景色が良い場所なので、埋めてあげたのでしょう。死にまつわる映画を撮って、偶然こういうものに出くわすとは。この後もそうなのですが『逆徒』の撮影期間中は死を連想させる出来事、死そのものにまつわる出来事が頻発しました。

撮影日でない東京に戻っている時も、道で倒れて失禁している人や、血を流しながらバタバタしている人、階段から落ちて頭が割れる人など、そういう出来事を見る数が普段よりずっと多くなりました。テーマにした出来事が立て続けに目の前で起こる。これが続くようなら『逆徒』は本当に恵まれた映画だなと思いました。

話は戻って、石の積まれた場所で撮影を始めました。這い上がってきた逆徒くんが、タバコがない、ライターがない、シケモクがある、石がある、と火をつけようとする場面です。ちょうど良いので、この何かの動物の墓の石を、火打石として使おうということになりました。最初俺は「いいのかなぁ。人のペットが埋まってるとこで」などとつまらないことを言ってしまったのですが、マキヨシくんから「大丈夫ですよ」と一言いわれて落ち着きました。

やはりテーマにしたい映画を、マキヨシくんにあらかじめ観ておいてもらったことは正解で、逆徒くんのふてぶてしさ、きっと話なんて一切通じない感じ、それがこの冒頭シーンの演技から伝わってきました。

カークラッシュ

『逆徒』の撮影では車の破壊にも挑戦しようと思いました。撮影前はまだ明確にどう車を壊すかは決まってませんでした。

ある日ゴールデン街の飲み屋、深夜＋1に行ったときに平山夢明さんに会ったので、「車ぶっ壊したいんですよ」と相談しました。

「なにでやるつもりなんだ？」と平山さん。

「安い中古の軽自動車買って、それで岩かなんかにぶっかろうと思うんですよね」

「ばかだなぁ、軽自動車なんか、ぶつかり尺がねぇから、激突なんかしたら膝から下がオシャカんなるぞ」

「え！じゃあどうすれば」

「セダンにしな。ありゃあ、ぶつかり尺があるから」

「確かに！　前が長いからぶつかっても大丈夫そうですね！　それでやります！　岩かなんかにつっこみます！」

逆徒

「そういうときに限って、しらねぇガキが飛び出してくるからおもしれぇぞ！」

「いやですよ！」

撮影でやったのはクラッシュではなく、煙を上げて停車してしまった車めがけて、先輩からリンチの依頼を受けた不良少年たちが駆け寄ってバットやバールで叩き壊すというシーンです。

『逆徒』では、二派閥の先輩から命令を受けた後輩不良たちがこうして暴れるシーンがいくつも出てくるのですが、このシーンのイメージは原始人たちがマンモスを狩る感じです。「そうしなければならない」という短絡的な印象を画面から出すためです。

撮影前の段階では安い軽自動車を買うという予定でしたが、実はこのシーンは無料で撮ることができました。『NIGHT SAFARI』で主演のユキヤの右腕役を演じてくれたノボルくんが、この『逆徒』で久々に映画に出演してくれたからです。ノボルくんの実家は車の解体業で、会社の敷地内であればカーチェイスから破壊まで可能、解体業なのでその後の片付けまで含めて問題なしと、夢のような協力者でした。お金はどうしよう？　と聞くと、

「エンドロールに会社の名前入れてくれるだけでいいっすよ」

逆徒

ノボルくんに助けられました。

死体と廃墟はナマモノ

「ファーストカットは動物の死体がいい！」

そう思っていました。『逆徒』は死んだはずのものが暴力の化け物として蘇って暴れまわる、死にまつわる話ですから、冒頭から死の匂いが立ち込めて欲しかったのです。それにはストレートに動物の死体は一番インパクトがあっていいだろうなと思っていました。

でもそんなもの簡単に見つかるわけはありません。大石淳也と一緒に車に乗って、富士宮の山奥まで探しに行くと、野生の鹿がでてきました。さすが田舎です。すると大石が、

「これ轢いて作るって手もあるぜ？」

それはないよ！　もう少し道を走らせると、小さいズタ袋みたいなものが道におっこちていました、近づくとそれはタヌキで、どうやら車に撥ねられたようでした。さすが田舎です。

「よし！　くたばってやがる！　これだ！」

そう思って車を降りてタヌキのホトケさんを確認しました。片方の目玉がちょっと飛び出してる程度で、劇場の大画面で写しても、キツすぎにならない具合の顔面の崩れ具合でした。それを見た大石淳也が、

「タヌキは野生度たけぇから、筋がしっかりしてんだな。だから撥ねられても猫みてーにワタ（内臓）が出ないんだよ」

たしかに。全然関係ありませんが、動物によって車に轢かれた後の死に顔に種類があると思いました。鹿は「え？　俺が死んだの？」というびっくり顔。猫は「ちきしょー！」という憎しみの顔。犬は「ひぃー」って悲しみ。タヌキは「だからなに？」でした。

こういうときに、わけ知り顔で両手合わせてお辞儀しながら「ごめんなさい」とか言い出すようなバカだけには絶対になりたくないので、タヌキの事情は完全に無視して撮影を開始しました。またとない機会だと思ったので引き画や寄り画、何種類も撮影して立ち去りました。

その後、暇なのでドライブをしていると廃墟を発見。どうやら宿泊施設のついた温泉のようで、状態が非常によく、ガラスや壁がわりとそのままでした。看板を見て温泉の名前を検索すると、まだ潰れてから5年ほどしか経っていないようでした。程よい崩壊具合に

風でカーテンがひらひら動く感じも相まってか「(黒沢)キヨシ感あるわぁ」と思いました。

リンチで使う廃墟を探していたところだったので、これはラッキーでした。しかし、それから2週間ほどして撮影でこの廃墟にいくと、様子がまるで変わっていました。ガラスというガラスが破壊され、カーテンは引きちぎられ、天井に穴が開いて何かの配線が垂れ下がっていました、それだけならまだしも、消化器がぶちまけられてそこらじゅう真っ白になっていました。『逆徒』でこの廃墟でのリンチシーンはかなり殺伐とした雰囲気を必要とする場面なので、むしろこのくらいがいいのかもと思いましたが、他のもっと繊細なシーンで必要としていたと思うとゾッとしました。

廃墟の品質なんてだれも保証しません。暴走族なんかに見つかったらすぐに溜まり場にされ、破壊衝動の餌食になります。廃墟は見つけたらすぐ使わないとダメだということを痛感しました。廃墟はナマモノなのです。

不良の上下関係で撮影をスムーズに

ある日の撮影の時、その日来ていた出演者の分、缶コーヒーを渡したら、不良の皆から

「こんなことしてくれるの初めてじゃないですか？」と感動されました。本当にブラックな現場なのです。『孤高の遠吠』はまず自分の生活がちゃんとできてないのに映画を撮り始めたので、マイクの外側が壊れてもガムテープで補強したりしていました。『逆徒』のときは、とてもいい条件の会社の派遣で働いていたので、ちょっとは生活が安定していて缶コーヒーくらいは余裕でした。

コーヒーを飲みながら、呼んだはずの後輩役の子を待っていたのですがなかなか来ません。その子達が来ないと、原付バイクが借りられないので困ります。電話してみると、

「すんません！　もう着きます！　集合場所見えてます！」

そうなんだ、と思って道路の方を見ると、原付2ケツした少年ふたりが手を振ってました。よかったーと思っていると、そのふたりの後ろから急にパトカーが右折して登場しました。電話に耳を傾けると、

「すんません！　ご覧の通り！　少し遅れます！」

パトカーに追われた2ケツの原付が、空しく目の前を通過していきました。それを見ていたウメモトくんが

「まけるかなぁ？　2ケツじゃ速度でねーからキツいだろーけど、ここ森とか細い道とか

色々あっから、頭つかやーいけるかもですよ」

しばらくすると2ケツ少年は戻ってきました。予想より早かったのでウメモトくんも「やるじゃねぇか！」と喜んでいました。

「いや、逃げたわけではなくて、すぐに停まったら警察の方が許してくれました」

この弱腰にウメモトくんが怒って、

「てめぇ！　警察の方が、とか言っててんじゃねぇ！　もっかい喧嘩売ってこい！」

それだと撮影が始められないので急いで止めました。ウメモトくんとその2ケツ少年たちは初対面だったのですが、そういうやりとりがあると、普通に挨拶をして始めるよりも、早く打ち解けられている気がします。不良社会の先輩後輩のバランスが、その場にちゃんと生まれてからの方が何かしやすいのかなと思います。

おばあちゃんの協力

撮影期間中、富士宮市の大きいお祭りの時期とかぶったので、実景として撮影に行こうとすると、実家にいたおばあちゃんが「私もついていく」と言い出しました。家にいれば？

といっても聞かないので、連れて行きました。

祭りの様子を一通り撮り終わると「ばあちゃんにアイディアがあるから、森へ行け」といわれました。言われた通り森へと車を走らせると
「ここで停まりな」

「なにするの？」

「私みたいな老人がぼーっと暗い森の道を歩いていたら、怖いだろう？　それを撮りな」

「なぜそんなものを撮る必要がある」

「孫の映画に協力したいばあちゃんの気持ちがわからないのか？」

「気持ちはわかる。ただやりたいことがわからない」

「ちょっと見てな。歩いてくる」

霧深い森の中をぼーっと歩く老婆。

「もういいよ、帰っておいで」

「あんまりよくなかった？」

「ちょっと元気が良すぎたかな？　今撮ってる映画は死がテーマだから、元気のいい婆さんは真逆のイメージ。あんた長生きするよ」

「口の達者なガキだね。家に帰ろう」

なんだかよくわからないけど俺の映画に協力してくれる、おばあちゃんの気持ちは伝わりました。

テロリスト

『逆徒』撮影期間中、作家の福澤徹三先生からボトルの立派なお酒が贈られてきました。福澤先生は『孤高の遠吠』を評価してくれて、そこから俺たちの映画を応援してくれています。福澤先生の『壊れるもの』『東京難民』は『孤高の遠吠』撮影中、恐ろしいデザイン会社で、派遣で働いていたときに読んで、あまりの他人事じゃなさに恐怖しました。『真夜中の金魚』『すじぼり』などのアウトロー小説も本当にロマンがあります。そんな憧れの作家から、撮影中にお酒が贈られてきたことに本当に感動しました。

その日はちょうど『逆徒』のメインキャストが全員が集まる撮影だったので、皆で飲みました。喉がガァーっと熱くなって「絶対撮りきってやる！」という気持ちになりました。

そしたらユキヤが、

「強い酒だなぁ、もう飲みたいモードになっちゃったから、今日撮影、力入るかなぁ？」

あまりの温度差にずっこけました。

『逆徒』の撮影を手伝いたいと言ってくれる友達が現れました。ひとりは第37回ぴあフィルムフェスティバルで4冠を受賞し一斉を風靡しましたがその後が続かない冴えない監督の中山剛平。もうひとりはフライデーやＳＰＡ！で記事を書くフリーライターの小峰克彦です。中山剛平は俺と同い年で、小峰克彦はひとつ年下です。

このふたりには、「リンチ実行中の不良たちの周りで、線路がボウボウ燃えて煙が出ているシーン」の手伝いをお願いしました。俺が不良たちにリンチ演技の段取りをつけている最中、俺たちと離れた場所で、中山と小峰はせっせと線路を燃やす実験をしてくれていました。正確に言うと、線路のそばで新聞紙を燃やして、それと同じ場所で「はちとり花火」という煙幕系の花火をつけて燃えてるように見えるかを実験という感じです。

不良たちの演技の段取りが良い感じになってきたのでとっとと撮ろうと中山と小峰に声を掛けようとふたりの方を見ると、彼らの背後からボォーっと赤いランプを付けた白黒の車が近寄っています。

パトカーです。

そばにいた不良の子が「どうしましょう。あれ」と心配そうに声をかけてきたので「あのふたりはほっとけば大丈夫だよ。元気な人たちだから。でも俺たちは逃げて、別の場所で別のシーンから先に撮ろう」と言ってトンズラをかましました。

ここからは小峰克彦から聞いた話です。警察署に連れて行かれた中山剛平と小峰克彦は警察からかなり怒られたようでした。

「線路で何をしてたんだ！」

「はぁ、線路ですか。燃やしてたんです」

「なぜそんなことをする！」

「燃えるのかなぁって。困っちゃって」

「困るのはこっちだろ！　まわりの迷惑になるよ！」

「なるほどぉ」

「他の国だとよくあるだろ！　フランスとか！　テロリスト！　テロリストなのかお前たちは！」

そういうやりとりがあったそうです。俺はこの話を聞いて感動しました。

『逆徒』という言葉を調べると、謀反を起こした人のこと、つまりテロリストです。テロリストの映画を撮っている時に、作品にぴったりの言葉が、お上、警察の口から出てきてしまった。お前らテロリストだ！　と。これがきっかけで『逆徒』は英題を『TERRORIST』にしました。

死にまつわる出来事に度々出くわしたり、作品にぴったりの言葉を言われたり、『逆徒』はもうそういう因果をもった作品なのだろうと確信しました。

映画自体が暴力の化け物なのです。

ゆうばりファンタにて

『逆徒』の撮影中に、『孤高の遠吠』がゆうばり国際ファンタスティック映画祭オフシアター部門に入選したという知らせがありました。審査員の塩田時敏さんから電話が来て、「オフシアターって意味わかる？　劇場公開されてないって意味なんだよ。『孤高の遠吠』はアップリンクで劇場公開しちゃったよねぇ」

確かに『孤高の遠吠』はカナザワ映画祭上映後、アップリンクで劇場公開をしました。ですが、

「そんなことで落選させるんですか？　マジの暴走族がクソ暴れて、そんな危ない映画を入選させたら映画祭の華に、絶対なると思いますよ。イモひかんでください」

「そうだよねえ」

危ないところでしたが、『孤高の遠吠』は無事に入選しました。数週間後、ゆうばり映画祭コンペ部門のラインナップが発表されました。

「入選者、松本花奈。女子高生監督」

それを読んで俺はムカムカしてきました。映画祭にはふたつタイプがあります。賞金が出る映画祭と、出ない映画祭です。俺が今まで入選した映画でいうと、ぴあフィルムフェスティバルは賞金の出る映画祭で、カナザワ映画祭は出ない映画祭です。賞金が出ない映画祭は挑発的な映画がグランプリを獲れる事が多いように思います。それは単純に「金が絡まないから」です。

逆に賞金がでる映画祭は100万円とか200万円という大金が絡んでいますからグランプリには「絡んだ金のことを考えるとこれが一番無難」というような作品が選ばれます。ゆうばり映画祭の賞金は200万円です。その事を考えると女子高生監督を優勝させたら話題になるし、その後の映画祭のアイドルとしても利用できますから、200万円投資する意味があります。こんな風に、勝たせたい映画が初めから決まっている映画祭がほとんどです。

映画祭も存続をかけてやっているので、やりたいことはわかります。だけど監督としては腹が立ちます。俺はそこまで勝手に想像して、勝手に怒り、Twitterで騒ぎ始めました。

「勝たせたい映画はとっくに決まってるくせに！　呼ばれる俺たちはまるでピエロじゃねーか！　殺す！　ふざけんな！　審査員全員殺す！　映画祭の奴ら全員殺す！」

毎日のように騒ぎました。いわゆるネット弁慶です。

結果的には俺様のスーパー天才映画『孤高の遠吠』がすべての映画を蹴散らして大優勝を美しくかつ華々しく飾るのですが、そんなことになるなんて全く知らない授賞式の前日、俺は夕張に1軒しかない屋台で酒をかっくらい、グレていました。

「殺してやる。ふざけんな、じゃあ女子高生になれば皆グランプリじゃねぇか。監督がしないとならないのは演出じゃなくて、アンチエイジングと性転換か？　ふざけんな。偉そうな映画祭は全部殺してやる」

そう思って外に出ると、西村喜廣監督がタバコを吸っていました。西村喜廣監督の映画は「こういうことがあると、当然こういう結果になる」という筋立てがあった上で、表現で飛躍を仕掛けるアイデアの組み立て方が、とても参考になります。それに西村監督はどんな映画でも、造型や特殊メイクで全力を出す素晴らしい職人です。高校生や専門学生の時に何回も観た映画の監督がすぐ目の前にいるので、俺はつい声をかけました。

「西村監督！　俺、小林勇貴です」

「あぁ？」

「『孤高の遠吠』って映画で入選してます」

「テメェかこのやろう。飲み直すぞ」

ふたりで屋台に戻りました。

「テメェ、Twitterで殺す殺すって書いてるけど、一体誰を殺してぇんだ？」

「気に入らないんですよ。どいつもこいつも、おべんちゃらばっかし。誰でもいいです。誰か殺したいです」

「それじゃダメだ。殺したいって思う時は、コイツだけは絶対に殺す！って、具体的がマトがないとダメだ。で、誰が嫌いなんだ？」

「どいつもこいつも全員嫌いです。全員死刑にしてやります」

全員死刑　©2017「全員死刑」製作委員会

終章

全員死刑

『我が一家全員死刑』。大牟田4人殺害事件。ヤクザ一家が貸金業を営む一家4人を殺害し、強盗殺人容疑で家族全員に死刑判決が出た事件。真相は未だ不明。本の構成は、ヤクザ一家の次男北村孝紘の獄中手記による殺人者パートと、鈴木智彦氏の作家パートのふたつが入り乱れる。

この本を読んだ時、特に殺人者北村パートで奇妙に感じることが多々あった。映画を撮るにあたって、この部分になにか映画の鍵になるものがあると思った。原作は短絡的な犯行のため、同じ場所を行ったり来たり、行き当たりばったり感が恐怖を誘うが、映画でそれをそのままやるとただ単にダレる危険がある。そこをスマートにしていく必要があった。

脚本家の継田淳さんが書いてくれた初稿はそこが解消されていた。ここに、原作の北村パートを読んだ時の違和感の正体を暴けば、映画の筋というか、テーマというか、「これを伝えて観客を地獄へ落としたい」という指標が決められると思った。

最初の殺人、最初の殺人だ。

北村が被害者の家に行くと、被害一家の次男が出迎える。殺意を持って土足で被害者宅に入る北村。

ここが強烈。

俺の映画はいつも土足で勝手に人の家に上がりこんで暴力を振るうシーンがあるが、それはこの本の影響である。その先、被害一家次男は「勉強をしていた」と言って、再びパソコンに向かう。北村はその背後を狙ってタオルで首を絞める。

違和感。パソコンで勉強？　なんの？　この本の北村パートは、北村の主観であって、大牟田4人殺害事件の一部始終なんかではない。だから真相は不明という扱いなのだ。「勉強」？　北村は、被害一家次男から何をしていたか説明を受けたに違いないが、そこまで興味があっただろうか？

これから殺すのに。しっかり話を聞いたのか？　それをしっかり覚えているのか？　それをしっかり書いているのか？　パソコンで勉強？　何かわからないことを説明されて、短絡的に「勉強」という言葉で済ませたのではないか？　なんでそんな風に考える？

これから監督する自分について考える。

これから殺す。土足で家に入る。何かごちゃごちゃ説明される。勉強してんだろうな。勉強＝何かわからないこと。俺にとってよく理解できないこととは何か？　脚本にする上で、自分に置き換えた。YouTuberだ。突然行った家でYouTuberのようなことをやられたら、俺は、どうしたらいいか、わからない。何やってるんだこいつという気分になって、殺意がボォーッと立ち上がってくる。そんな気がした。

さらに原作を読み進める。北村は被害一家次男を背後からタオルで締め上げ、背面合わせで首を絞めた。そうすると、相手は紫黒い顔をして目が飛び出したという。

完全な違和感。なぜそんなことがわかる？　背面合わせだったんだろう？

でも北村は確実にそれを見たのだ。殺したあとの覚せい剤に似た充実感、死体を見ることで、見なかった景色を豊かに埋めた。それは見たと同じだ。

覚せい剤による覚醒と殺人による覚醒で、北村はいろいろなものを見た。おぞましい殺人。暖かい家族。美しい恋愛。走馬灯のような灼熱の人生を見た。俺は北村がその時見たものを全部信じる。

そして鈴木智彦さんパートに立ち返る。鈴木智彦さんは、北村が書いていたことを冷静に分析し、事実と擦り合せる。

なんてかっこいいんだろう。この人はいつも対象が持つ熱とは対照の温度になって一番の正解を探す。

俺はいつもこの人の温度の取り方に倣って、不良たちと映画を撮った。劇中の不良の敵にもならず、味方にもならず、ただ起きたことには「俺も最後まで付き合う」。人の粗ばかり探すバカにはそれが一番の上から目線に見えることだろう。くたばればいい。

俺は絶対に北村が記したことは信じない。こうして俺の中に北村を信じる、北村を信じない、という原作の歪なバランスと全く同じ、歪な黒いボヤボヤした怨念のようなものが完成した。

筋、基本、怨念はできた、ここから映画にすべきは見世物小屋根性。俺がやりたいのはエンターテインメント。観た人を楽しませること。俺の映画と喧嘩した観客が、ヒッデェ世の中だけどもう少し生きてやるか、となる大見世物。

本当にあった事件をモチーフにしたことで、ああだこうだと言うヤツがいる。それはそれで当然に思う。見世物小屋で頭はってるんだ、石投げられて当然だ。その怒りを受け止められないようでは職務怠慢だと思う。

俺は受けて立つ。

だけど言わせて貰えば、人が恐怖を語り継ぐこと、すでに起きてしまった事件を何かの作品に昇華させて語り継ぐこと、これは大昔から人間がずっとやってきた大事なことだと思う。

自分のことを考える。自分が小さい頃に母に言われたことを思い出す。「怖い思いをしたら、人に話せば怖くなくなる」。

それは強く賢くなるということだ。すでに起きてしまった殺人事件から影響を受け、何らかの物語を作るという行為は、人間全体の「怖かったこと」を観て、読んで、聴いて、楽しんでしまうことで、人間全体で相殺しようとする行為だ。皆で生み出した偉大な生理現象だ。

ふざけやがって。仕方ねぇからもう少し生きてやるために、聴いて、読んで、観るんだ。文句があるなら受けて立つ。

そっちも死ぬ気で来い。

俺が全員ぶっ殺《さら》う。

小林勇貴（こばやし・ゆうき）

1990年9月30日生まれ、静岡県富士宮市出身。『Super Tandem』（2014）で第36回PFF入選、『NIGHT SAFARI』（2014）でカナザワ映画祭グランプリ、『孤高の遠吠』（2015）でゆうばり国際ファンタスティック映画祭グランプリ。実話ベースの物語に本物の不良を出演させるなど野蛮かつ大胆な作風が話題となり各メディアに取り上げられ、多くの著名人が絶賛。2017年3月に新作自主映画『逆徒』を発表。11月に日活製作、間宮祥太朗主演の『全員死刑』で商業監督デビューを果たし、12月には2作目の商業映画『ヘドローバ』が公開。今最も話題の若手映画監督。

［写真提供］日活株式会社、シネマト倶楽部、
バイオレンス・ジャック・プロダクション、東京テアトル株式会社
［編集］田野辺尚人
［協力］千葉善紀、西村映造、大場しょう太、吉田亨

実録・不良映画術

2017年12月1日初版発行

著者　小林勇貴 ©2017

発行者　江澤隆志

発行所　株式会社洋泉社
〒101-0062　東京都千代田区神田駿河台2-2　御茶ノ水杏雲ビル5F
郵便振替：00190-2-142410（株）洋泉社
電話：03-5259-0251（代表）

印刷・製本所　中央精版印刷株式会社

ISBN978-4-8003-1372-0

装丁——川名潤
組版——長久雅行